A OBRIGAÇÃO DE SER GENIAL

BETINA GONZÁLEZ

A OBRIGAÇÃO DE SER GENIAL

Tradução Silvia Massimini Felix

© Otras Prosas, 2021
© desta edição, Bazar do Tempo, 2024

TÍTULO ORIGINAL *La obligacíon de ser genial*

Todos os direitos reservados e protegidos pela Lei n. 9610, de 12.2.1998.
Proibida a reprodução total ou parcial sem a anuência da editora.

Este livro foi revisado segundo o Acordo Ortográfico da Língua Portuguesa de 1990, em vigor no Brasil desde 2009.

EDIÇÃO Ana Cecilia Impellizieri Martins

COORDENAÇÃO EDITORIAL Joice Nunes

ASSISTENTE EDITORIAL Olivia Lober

TRADUÇÃO Silvia Massimini Felix

REVISÃO DE TRADUÇÃO Larissa Bontempi

COPIDESQUE Sávio Alencar

REVISÃO Marina Montrezol

CAPA, PROJETO GRÁFICO E DIAGRAMAÇÃO Fernanda Ficher

IMAGEM DE CAPA Manuela Eichner, *A língua do tato*, 2021

1ª reimpressão, julho 2024

CIP-BRASIL. CATALOGAÇÃO NA PUBLICAÇÃO
SINDICATO NACIONAL DOS EDITORES DE LIVROS, RJ

G652o

    González, Betina, 1972-
    A obrigação de ser genial / Betina González ; tradução Silvia Massimini Felix.
    1.ed. - Rio de Janeiro : Bazar do Tempo, 2024.
    240 p. ; 21 cm.

    Tradução de: La obligacíon de ser genial
    Inclui bibliografia
    ISBN 978-65-84515-98-7

    1. Ensaios literários. 2. Literatura - História e crítica. I. Felix, Silvia Massimini. II. Título.

24-91542   CDD: 809
                             CDU: 82.09(82)

Gabriela Faray Ferreira Lopes - Bibliotecária - CRB-7/6643

BAZAR DO TEMPO
PRODUÇÕES E EMPREENDIMENTOS CULTURAIS LTDA.

Rua General Dionísio, 53, Humaitá
Cep: 22271-050 — Rio de Janeiro, RJ
contato@bazardotempo.com.br
www.bazardotempo.com.br

"Se você não é a pessoa livre que deseja ser, encontre um lugar onde possa contar a verdade sobre isso. Você poderia sussurrar diante de um poço. Você poderia escrever uma carta e colocá-la em uma gaveta. Você poderia inscrever uma maldição em uma fita de chumbo e enterrá-la para que ninguém a lesse por mil anos. Não se trata de encontrar um leitor, trata-se de contar."

Anne Carson

"O processo de escrever é difícil? Mas é como chamar de difícil o modo extremamente caprichoso e natural como uma flor é feita."

Clarice Lispector

SUMÁRIO

PREFÁCIO
A imaginação que habilita a escrita 9
ANDREA DEL FUEGO

INTRODUÇÃO 15

PARTE I
A AVENTURA TEXTUAL 19
O coração na página 21
No princípio, tudo: sobre o começo de um romance 37
O medo da imaginação: a história *vs.* os "fatos reais" 61
na ficção literária
Ritmo e narrativa: um olhar a partir de duas tradições 90
O aparecimento da forma: sobre o fim de um romance 115

PARTE II
SILÊNCIO, EXÍLIO E ASTÚCIA 137
O chocolate mais caro do mundo e eu 139
A obrigação de ser genial 149
A língua "equivocada" 169
A menina na cédula de dez pesos. 190
Notas sobre escrita e violência de gênero

EPÍLOGO
Fazer silêncio 217

REFERÊNCIAS BIBLIOGRÁFICAS 232

PREFÁCIO

A imaginação que habilita a escrita

Este ensaio chega quando a produção literária feita por mulheres alcança patamares nunca vividos. São mais mulheres escrevendo, publicando, revisando, ilustrando, editando, resenhando, traduzindo, mediando clubes de leitura; para fechar o círculo, são também a maioria dos leitores do país. Betina González é autora premiada, pesquisadora e professora de literatura. É chegada a hora de o Brasil conhecer mais uma das grandes autoras argentinas que também participa de um *boom* feminino que não acontece apenas na América Latina, mas na Europa, nos Estados Unidos, na Ásia, na África e onde houver terra para se nascer.

Conheci Betina González quando ela me entrevistou sobre meu romance *As miniaturas* (2013) para um periódico argentino. A conversa girou em torno da imaginação na criação literária como o elemento central e irradiador desse processo. Para quem escreve e publica, a irradiação tão íntima não se dará apenas no ambiente privado da escrita, mas será compartilhada, trazendo a terceira estaca que completa o tripé da literatura: autor, livro e leitor, este também um polo da imaginação. Tivemos, Betina e eu, novos encontros em que os assuntos foram as condições de escrita, a posição da escrita, o arco não apenas da narrativa, mas também da autoria, não a escritora numa saga do herói, mas na saga da paisagem literária.

Betina também oferece oficinas de escrita literária; segundo ela, lugar privilegiado para presenciar a força do texto na vulnerabilidade da escrita em curso e compreender os elementos em disputa corporal com a palavra, pois as oficinas deixam nuas muitas das estruturas da compreensão narrativa. O título *A obrigação de ser genial* já lança a questão que Virginia Woolf também enfrentou no clássico *Um quarto só seu*.[1] Em Virginia, aborda-se a condição material para que a produção textual se faça possível, o espaço físico e moral. Em Betina, há mais provocações, que também incluem o nosso território latino. Dizer que uma escritora como Clarice Lispector é genial seria justamente isolar a autora do campo da literatura. Arrastada para além do suposto gênero feminino, indo falecer no gênero *genial*, afastando a literatura feita por mulheres do mundo real e da vida, e muitas vezes colocando nessa produção a terrível pecha do sentimentalismo. Betina traz à luz a diferença entre sentimento e sentimentalismo; inclusive, estes são apenas repertórios para a composição do texto que somente prestam contas à linguagem. Não há nada fora da linguagem, dirá a psicanálise, mas há repertórios submetidos a ela. É uma discussão que não começa neste ensaio nem se encerra aqui; é importante ter em mente a experiência da escrita como, ainda no privado, um ato singular e indomesticável.

Pensar essa diferença entre sentimento e sentimentalismo é outra ocasião para refletir o sentimentalismo como diapasão da escrita feita por mulheres, para muitos, no campo literário. Betina cruza as condições materiais com as ferramentas mentais de criação, uma discussão que instiga a escrever e a ler como usufruto da capacidade humana de fabular. Para começar, a autora afirma que escrever ficção não é explicá-la, é aceitar e desfrutar a incerteza que produz a própria realidade. Sustentar a incerteza não seria a premissa do ato de escrita? A questão não é se é possível ou não iniciar um texto, mas segurar o peso do processo tão desafiador quanto exigente.

Betina abre com o ensaio sobre a emoção, para ela um dado misterioso do ato criativo. Lembrando a etimologia da palavra como "movimento", a emoção está nos três pilares da literatura: no leitor, no texto e na autoria. Mas como? Betina traça a diferença entre a emoção e o sentimental. A emoção como algo sem nome, um modo de pensamento não representativo. O sentimental como uma descrição de estados de ânimo sem que as personagens tenham, de fato, os vivenciado em suas ações. Nessa operação, a autora pode desconfiar da linguagem, seu próprio instrumento. No entanto, no lugar de escrever "amor", há a possibilidade de deixar o amor não dito, mas usado como um rio subterrâneo que habilita os movimentos da personagem. Efeito que pode se dar na leitura, o mesmo subterrâneo habilitando sentidos para o leitor. O sentimentalismo é complacente e espera empatia, mas a literatura arrisca justamente a incompreensão, o mal-entendido, o subentendido e o sentido negociado com o leitor.

Por mais que a autora — escrevo "autora" porque é assim que Betina se refere a quem ela se dirige no ensaio, às escritoras — fortaleça a arquitetura textual, não se trata de tirar os adjetivos para evitar o sentimentalismo. A emoção vívida, na experiência da autora, serve como repertório. Partir de uma emoção conhecida é possível sem que isso exclua o trabalho da imaginação; pelo contrário. Betina defende que, ao criar um mundo, se entrega a uma fantasia tão íntima quanto contar um sonho, já que escrever é descobrir tanto o conhecido como o encoberto.

Ao longo do livro, Betina pensa ao lado de autores como Flannery O'Connor, Nabokov, Deleuze, Bachelard, Vonnegut, Piglia, Ursula K. Le Guin, Joan Didion, Clarice Lispector, Margaret Atwood, Alejandra Pizarnik, Coetzee, Cynthia Ozick, María Negroni, Susan Sontag, Mariana Enríquez, Ricoeur, César Aira, Borges, entre outros. Estes são traduzidos de forma a ampliar ainda mais a questão, são eles também os rios subterrâneos do ensaio.

Outros pontos são ofertados, como a tensão entre origem e começo. Nesse sentido, é preciso fazer um exorcismo da origem como permissão para narrar. Betina evidencia a importância do começo do texto, suas primeiras linhas como um programa completo do texto que seguirá. O primeiro parágrafo como declaração de princípios, o arco de tensão que se abre até as últimas linhas; arco aqui não se trata apenas da trama, arco da intenção, do gesto da escrita como a mão de um pintor. Betina cita *A hora da estrela*, de Clarice Lispector, como exemplo de uma narrativa em que nada começa, em que há uma desobrigação do início. Não é uma contradição: Betina deixa claro, em diversas passagens, que não há regras na literatura. O ensaio e a teoria existem a partir do fenômeno literário, daquilo que não se explica, já que a obra de arte é enraizada, mas sempre aberta, como dirá Merleau-Ponty. Betina lembra que o primeiro parágrafo de um livro é uma porta que se abre. Essa porta pode apresentar logo de cara a trama, por exemplo, em *Peter Pan*: "Todas as crianças crescem, exceto uma." Pode também abrir para a personagem, para o tom, para o espaço ou para uma hipótese, como em *Anna Kariênina*, cuja porta nos abre para: "Todas as famílias felizes são parecidas, as infelizes o são cada uma à sua maneira."

Betina segue trazendo outro ponto irradiador destes ensaios: a questão do medo da imaginação. Ela lembra que a origem do conto, por exemplo, se parece mais com um devaneio do que com um sonho, pois este ainda contaria com alguma lógica do inconsciente. Entendendo o devaneio como simultaneidade, nesse sentido, a escrita nunca está à altura da imaginação. É impossível escrever a simultaneidade. Independentemente do estilo de escrita, como o autobiográfico, não basta ter vivido a história. Betina nos sopra uma proposta: e se fizermos um realismo desobediente? Para a autora, a imaginação não é o verossímil, é salto no vazio, a vertigem de inventar algo que não sabemos de onde vem, entrar num lugar que não pertence ao reino autônomo. Ou seja, usufruir dos processos que não sabemos quais são, para onde nos levam, assim como a boa literatura nos faz perguntas que abrem para outras.

Ao falar sobre o ritmo, talvez alcancemos melhor o que Betina pensa sobre a imaginação e a linguagem. A autora afirma que o ritmo das coisas é mais antigo que a linguagem, e a música foi a primeira a captá-lo. A literatura também capta essa ordem ao fazer a linguagem entrar no compasso das coisas. Linguagem inclui a língua como pinça que captura as coisas, de modo que os objetos do mundo não são apenas os artefatos, a natureza ou a fisicalidade dos fenômenos, mas também os objetos mentais, como a memória. Betina chega, então, a uma das mais poéticas definições da memória: a língua é a música da memória que conserva a presença (objeto) na ausência (palavra). A temporalidade em Ricoeur é trazida como intérprete desta, outra camada de um texto literário, também para dizer que, se o ritmo é tempo, ele só pode ser dito na poesia; é ela que apreende o tempo da lógica e o tempo do mundo. Ao levar isso para a escrita, o ritmo do texto é como espaço e limite, dança com pausas e limitação dos movimentos. Betina afirma que ritmo é ordem, limite imposto ao que parece não o ter; aqui a trama é concatenação das coisas, sujeita ao ritmo.

Betina reflete a aventura textual na primeira parte do livro; na segunda, discorre sobre sua experiência na área literária, sobre ser escritora e continuar sendo. No capítulo que dá título a este livro, ela reitera que a genialidade é uma forma de enunciar a escrita produzida por mulheres feita, pelo campo literário, como anomalia ou exceção. Betina termina com o silêncio, na verdade com dois silêncios: o silêncio do texto e o silêncio da autora, este um verdadeiro agradecimento.

ANDREA DEL FUEGO
Escritora brasileira, autora dos livros *A pediatra* (2021), *As miniaturas* (2013), *Os Malaquias* (2010), entre outros.

[1] Virginia Woolf, *Um quarto só seu*, trad. Júlia Romeu, Rio de Janeiro: Bazar do Tempo, 2021.

Introdução

O silêncio, diz Maurice Maeterlinck,[1] é o elemento em que se formam as grandes coisas, no qual crescem as ideias, as amizades, o amor.[2] Falar sobre elas, então, não é aconselhável, porque se corre o risco de deter seu crescimento. Quem pensa, quem escreve, quem ama está profundamente sozinho com esses verbos. Algo semelhante acontece quando falamos ou escrevemos sobre ficção: temos de aceitar que estamos diante de algo que está sempre do lado do incomunicável, do que já foi feito ou será feito em uma cadeia exata de palavras e que, portanto, resulta arriscado pôr em outras.

Além disso, quando falamos em escrita, corremos o risco de quebrar um pacto muito antigo, de achar que um percurso é o único possível, de acreditar que se ocupar de ficção consiste em discutir "técnicas" ou dar instruções. É difícil pensar a escrita como processo e como pensamento vivo, apresentá-la em movimento, mas há situações em que isso acontece, há casos em que o silêncio da escrita é cultivado e aprendido com

---

[1] Maurice Maeterlinck (1862-1949) foi um renomado escritor belga, conhecido por suas obras literárias e peças teatrais, tais como *La princesse Maleine* [A princesa Maleine] (Paris: Space Nord, 2012), *Pelléas et Mélisande* [Pelléas e Mélisande] (Paris, Prodinnova, 2020) e *Les oiseaux* [Ed. bras.: *O pássaro azul*, trad. Alexandre Teixeira de Mattos, Divinópolis: Apollo, 2021]. Foi laureado com o prêmio Nobel de Literatura em 1911. (N.E.)

[2] Maurice Maeterlinck, *La inteligencia de las flores*, Madri: Gallo Nero Ediciones, 2022.

os outros, em que o pensamento ocorre no diálogo. Os ensaios que reuni neste livro foram baseados nessas situações.

Quando reúne pessoas que apostam tudo nas palavras, uma oficina ou uma aula de ficção é uma dessas situações. A maioria desses ensaios surgiu desses encontros. Uma oficina de escrita cria uma atmosfera muito particular, íntima o suficiente para sustentar a vulnerabilidade de um texto em processo e, ao mesmo tempo, rigorosa o suficiente para acompanhar seu crescimento. Quem coordena essas ocorrências da narrativa em outros encontra o turbilhão de seu próprio processo, enxerga-o, por assim dizer, com mais clareza; é confrontado com suas convicções, com sua necessidade de esclarecê-las, debatê-las e, às vezes, descartá-las. Sou muito grata, portanto, àqueles que passaram por minhas aulas nos últimos cinco anos — especialmente pelas duas oficinas que ministrei em casa — e àqueles que me confiaram seus projetos de livros. Foram situações que iluminaram meus pensamentos, momentos de troca e leituras apaixonadas. Cada uma dessas experiências foi extraordinária, assim como a coragem de compartilhar o segredo da criação. Agradeço também os convites que me permitiram organizar as ideias que surgiram dessas aulas para voltar a discuti-las com outros públicos. A Koichi Hagimoto, do Wellesley College, e a Ana Merino e Horacio Castellanos Moya, da Universidade de Iowa, agradeço as palestras que moldaram "A língua 'equivocada'", um texto que escrevi originalmente em inglês. À Conabip, à Biblioteca de San Carlos Centro e aos organizadores do festival Basado em Hechos Reales [Baseado em Fatos Reais] o convite para falar sobre invenção na narrativa, que mais tarde se tornou "O medo da imaginação". A Victoria Schcolnik e Marcelo Carnero, que criaram e apoiaram o Espacio Enjambre por tantos anos, um verdadeiro refúgio para o pensamento no qual ministrei vários seminários. Também aos organizadores de Bogotá Contada, que me levaram a repensar em uma crônica o papel que nós escritoras ocupamos hoje.

Dois livros sobre escrita — *The Wave in the Mind* [A onda na mente], de Ursula K. Le Guin,[3] e *Let Me Tell You* [Deixa eu te contar], de Shirley Jackson[4] — incentivaram-me a publicar estes ensaios. São textos em que essas autoras descrevem e analisam seus modos de escrever, expõem seus modos de fazer magia narrativa ao escrutínio de quem lê, com quem elas supõem que compartilham o mesmo encantamento (é o que chamo de generosidade). Em seus ensaios, a escrita assume a forma de um segredo compartilhado; lê-los é a coisa mais próxima de escrever *com* elas. Há poucos textos assim em espanhol: nossa tradição não costuma favorecer esse tipo de exposição dos processos. Partilhar minha experiência é, portanto, também uma forma de replicar a generosidade dessas autoras, com quem aprendi tanto.

E, finalmente, há aquelas amizades que são ocasiões excepcionais para o pensamento. Várias das ideias destes ensaios simplesmente nunca teriam existido se não fossem os livros de Esther Cross, María Negroni, Alicia Genovese, Christian Ferrer e as conversas que se seguiram. Para eles vai o meu maior agradecimento.

BETINA GONZÁLEZ

[3] Ursula K. Le Guin, *The Wave in the Mind: Talks and Essays on the Writer, the Reader, and the Imagination*, Boston: Shambhala, 2004.

[4] Shirley Jackson, *Let Me Tell You: New Stories, Essays, and Other Writings*, Nova York: Penguin Random House, 2016.

PARTE I

A AVENTURA TEXTUAL

"Aquele que nunca saiu para caçar, mas uma noite contou aos homens como arrebatou o megatério da escuridão púrpura de sua caverna ou como matou um mamute em combate corpo a corpo, foi o verdadeiro criador das relações sociais."

Oscar Wilde

O coração na página

A emoção é o fato misterioso do ato criativo. Talvez por isso não seja um tema frequente nos tratados de escrita ou nos festivais literários. Também não é bem-vista pela crítica, que acha suspeitos os assuntos do coração. E encontro poucos escritores que se referem diretamente ao assunto, o que é surpreendente, dado o papel que ele ocupa na escrita e na leitura. Por acaso a emoção não está no impulso que nos move para a página, que nos leva a narrar o que vivemos ou imaginamos? Eu, pelo menos, estou convencida de que assim é. Se examinar as razões pelas quais abandonei um texto que não funcionou, percebo que, na maioria das vezes, a ideia narrativa à qual eu estava tentando dar vida foi despojada de seu componente emocional. Eu tinha pensado no mundo, nos personagens, até no que ia acontecer com eles, mas não tinha ideia do porquê de suas ações, do nó de sentimentos, afetos e sensações que os movia a fazer as coisas que faziam.

A emoção na ficção — em seu sentido mais primário, etimológico, de "movimento" — é tão importante que a encontramos nos três pontos do processo criativo: na autora, no texto e na leitora. É uma corrente subterrânea que os atravessa. Em parte, penso, é responsável pela sobrevivência da ficção escrita, apesar de o fato de sua morte ter sido anunciado tantas vezes. A emoção proporcionada pela leitura é diferente de qualquer outra que conheço: é um movimento da mente difícil de definir ou localizar. Vladimir Nabokov a imaginava como um tremor, um choque na coluna. Para mim, acontece como uma cambalhota ou um salto do coração dentro do peito: esses momentos em que uma palavra cai na outra e redobra uma pulsação no texto, ou outros, quando pulamos de uma cena para sua realização inesperada. Nabokov escreveu sobre isso, embora não de maneira sistemática, mas nos deixou uma descrição muito apropriada de todo o processo que começa com a escrita e se completa na leitura:

> Qual é o verdadeiro instrumento que o leitor deve empregar? A imaginação impessoal e a fruição artística. Penso que é preciso estabelecer um equilíbrio harmonioso e artístico entre a mente dos leitores e a do autor. Devemos permanecer um pouco distantes e desfrutar desse desapego ao mesmo tempo que desfrutamos intensamente — apaixonadamente, com lágrimas e tremores — da textura interna de determinada obra. É claro que é impossível ser completamente objetivo nessas questões. Tudo o que vale a pena é de certo modo subjetivo.[1/2]

Acho que uma das razões pelas quais não se fala de emoção em relação à literatura é que muitas vezes ela é confundida com o "sentimental". É uma distinção importante. Um texto sentimental é aquele em que a emoção está na superfície — geralmente nos adjetivos, nas frases declarativas dos sentimentos e na fala dos personagens. Nesse sentido, o texto sentimental contradiz a ideia fundamental de ficção literária que Flannery O'Connor tão bem expôs em seus ensaios: explica em vez de narrar, enuncia estados de ânimo em vez de mostrá-los nas ações dos personagens, tudo está declarado e, portanto, a leitora não precisa fazer nenhum esforço.[3] Paradoxalmente, apesar desse exibicionismo, os olhos da leitora deslizam pela página sem o estremecimento da espinha dorsal, aquele salto ou cambalhota no peito que a boa ficção produz. A autora de um texto sentimental é muito insegura: desconfia da capacidade do seu próprio instrumento — a linguagem — de dizer o que tem para dizer. Também desconfia da força de sua história. É por isso que se escuda em palavras que não convêm à narração. E, por fim, desconfia da leitora e de sua capacidade de compreensão. Quem escreve um texto sentimental é ardiloso. Procura, acima de tudo, desfazer-se de um sentimento, comover e fazê-lo rapidamente, sem antes ter tido o trabalho de passar pelo crivo da ficção — o enquadramento da trama —, essa emoção que com tanta urgência gostaria de chegar em seu estado brutal e primário à página. Por isso, Horacio Quiroga,[4] como os escritores românticos europeus antes dele, aconselhava a não escrever "sob o império da emoção", mas a deixá-la morrer para evocá-la mais tarde.[5]

O texto sentimental é complacente: sente prazer em sua descarga emocional e não espera nada além de empatia do outro lado. Em contrapartida, a boa literatura quer tanto ser compreendida como não sê-lo, corre o risco do mal-entendido, do subentendido e da incompreensão. Em suma, arrisca o sentido, que é elusivo, sempre aberto, sempre negociado com a — e habilitado pela — leitora. "Escrever no prazer assegura a mim, escritor, a existência do prazer do meu leitor?", pergunta-se Roland Barthes.

De jeito nenhum. Preciso procurar esse leitor (preciso "rastreá-lo") sem saber onde ele está. Cria-se, então, um espaço de gozo. Não é da "pessoa" do outro que eu preciso, é do espaço: a possibilidade de uma dialética do desejo, de uma imprevisibilidade do gozo: que as cartas não sejam lançadas, mas que ainda haja jogo.[6]

O texto sentimental não abre essa dialética. Expulsa a leitora. É uma carta do eu para si mesmo, um jogo fechado, "nada mais do que aquela espuma da linguagem que se forma sob o efeito de uma simples necessidade de escrever".[7] Então a polícia literária chega e sanciona esse tipo de texto, a tal ponto que alguns escritores iniciantes regridem à expressividade mínima que a linguagem permite por medo de cair no pecado do sentimental. Muitas vezes vejo esse medo em meus alunos. Seguem, ou acham que seguem, os preceitos do "bom romancista" contemporâneo, aqueles prescritos pelas resenhas que enaltecem a prosa "despojada", "eficiente", "comedida", "precisa". No entanto, a ficção, como qualquer arte, não precisa de receitas, e uma prosa despojada (admitindo que algo assim exista) não garante nada. Não é na ausência de adjetivos, imagens ou riscos que a escritora combate o perigo do sentimental. Quem opta pela prosa sem riscos se esquece desse impulso sombrio e avassalador que deveria ser a razão número um para narrar. Porque a autora que não arrisca o coração, não arrisca nada, por mais que se esforce por uma arquitetura textual elaborada.

Para entender melhor essa distinção entre o "sentimental" e a emoção que move o texto de ficção, vou tomar como exemplo o trabalho de um desses campeões da polícia literária, o homem que ficou famoso como editor de Raymond Carver: Gordon Lish.[8] Sabe-se que Lish mudou o final de catorze das dezessete histórias do livro *De que falamos quando falamos de amor*[9] e o título de dez delas. Ao todo, ele cortou cinquenta por cento do manuscrito original e acrescentou frases e parágrafos de sua autoria. As razões para esse trabalho de edição estavam no que Lish percebia como *excessos sentimentais* de Carver, aqueles momentos em que o texto sucumbia à tentação de explicar ou insistir demais na expressão dos sentimentos, seja nas palavras do narrador, seja no que os personagens faziam ou diziam. Alessandro Baricco foi um dos primeiros a chamar a atenção para o efeito desse trabalho de edição. Em um ensaio publicado em 1999,[10] ele compara em detalhes as duas versões — a original[11] de Carver e a editada por Lish — de dois contos, "Diga às mulheres que a gente já vai" e "Mais uma coisa". A primeira história, que termina com o assassinato de uma menina em um parque, aborda o ressentimento e a violência de um personagem masculino; a segunda, que conta a história da separação de um casal, narra os danos e a dor que às vezes causamos aos nossos entes queridos. Baricco mostra como o olhar desencantado e distante, quase desligado diante dessas emoções, o olhar que até poucos anos atrás identificamos como típico de Carver é, na verdade, produto da atividade cirúrgica de Lish. Carver, em seus originais, mostrava outra coisa: a necessidade de entender a maldade, a discordância e a angústia. Não do lado de quem as sofria, mas do lado de quem as infringia. Ele não era o dono daquele olhar gélido, conta Baricco.

> Pelo contrário, tinha o antídoto contra ele. Esboçava-o, talvez até o tenha inventado, mas depois, nas entrelinhas, e sobretudo nos finais, refutava-o, extinguia-o. Como se tivesse medo. Construía paisagens de gelo, mas depois era tomado pelos sentimentos, como se precisasse se convencer de que, apesar de todo aquele gelo, eram habitáveis. Humanos. Finalmente as pessoas choram. Ou dizem: "Eu te amo." E a tragédia é explicável.[12]

Concordo com Baricco que não é tão interessante pensar em qual é a melhor versão desses contos. São apenas histórias diferentes, lançam um olhar distinto sobre a experiência humana. Há outro ponto importante: a edição de Lish não apenas suprime palavras ou áreas de suposto transbordamento sentimental nos textos, como também corta sequências e cenas inteiras, ou seja, intervém em nível estrutural. O original e o editado são histórias diferentes não só do ponto de vista da prosa ou do estilo, mas também, e mais importante, em seu trabalho com a emoção: despojadas, de certa forma, do impulso, do olhar emocional do autor (o que é sempre uma tentativa de compreensão), as versões de Lish são opacas, quase impenetráveis. Diante delas, o esforço de compreensão fica apenas nas mãos da leitora. Por isso, produzem um desconforto extremo e, para mim, quase artificial. Como Baricco bem aponta, Carver estava tentando entender o lado dos carrascos, o lado daqueles que infligem o mal. Tentava entendê-lo como parte do humano. Nas versões de Lish, o mal aparece como gratuito, arbitrário e, portanto, quase exterior aos personagens. Independentemente de ter eliminado excessos sentimentais ou não, o que me interessa é que nesse trabalho de edição podemos ver com clareza o lugar que a emoção ocupa no texto de ficção — de que modo ela está ligada a um certo olhar da autora que a leitora mais tarde terá que completar — e isso nos ajuda a pensá-la. Ao cortar sequências inteiras das histórias de Carver, Lish criou certo estilo de realismo impenetrável, artificial, muitas vezes descolado do componente de compreensão que esse olhar implica. Talvez mais de um mal-entendido sobre a necessidade do "despojamento" da ficção contemporânea tenha começado com o trabalho desse editor no fim dos anos 1970 (pelo menos certa narrativa latino-americana dos anos 1990 levou a receita ao pé da letra).

A emoção na ficção literária nada tem a ver com um certo estilo de prosa, nem com o maior ou menor uso de adjetivos ou figuras de linguagem (embora, é claro, haja tonalidades emocionais no ritmo das frases). Há uma emoção que vem do movimento narrativo que faz o texto como um todo, da passagem de um estado de coisas para outro, que é o núcleo definidor de um dos princípios da história: o da transformação. Encontramos a emoção — sentimo-la — como a corrente subterrânea que possibilita esse movimento, é a força que magnetiza aquela sequência de cenas, aquele instante em que o narrado se eleva acima da mera cronologia e leva a um novo estado de coisas. Quando uma história é bem tecida na trama (que nada mais é do que a intriga de um texto), produz uma emoção próxima da ilusão de um truque de mágica: passou-se da cartola vazia para o coelho ou o buquê de flores sem que possamos dizer como. Era a isso que Nabokov se referia na citação anterior e quando declarou que um livro atrai em primeiro lugar a mente. Quando falamos de emoção e ficção, temos de incluir o deslumbramento intelectual, que tem seu próprio movimento, sua própria tonalidade emocional, esse "esplendor cerebral" que nos acontece quando lemos Fleur Jaeggy,[13] Jorge Luis Borges, Philip K. Dick.

Mas a emoção também está presente no nível das ações dos personagens, na maneira particular com que a inteligência narrativa da autora as tramou. Não estou dizendo nada de novo. Aristóteles já pensava assim para a tragédia, uma forma que sempre supõe um reverso da fortuna: "o caráter nos dá as qualidades, mas é nas ações que somos felizes, ou o contrário." E: "toda felicidade ou desgraça toma a forma de uma ação."[14]

Ao contrário do que propunha E. M. Forster[15] — que pensava em um modelo do romance realista ainda muito oitocentista —, acredito que a melhor ficção contemporânea está mais próxima do preceito aristotélico, além do fato de que é óbvio que um romance não narra necessariamente uma queda da fortuna. Seguindo Aristóteles em vez de Forster, em vez de prosa despojada, acho melhor não confiar tanto na autoridade do narrador que entra na cabeça dos personagens para declarar seus sentimentos e, em vez disso, apostar no significado das ações, nas quais a emoção encarna como uma força vivida. É preciso deixar que o sentimento dos personagens se revele no que fazem, só então "o mistério da personalidade" aparece em um relato, tal como queria Flannery O'Connor.

Esse é um ponto-chave para quem escreve ficção. Como narrar emoções? Como *affectus*, diz Deleuze retomando Espinosa, a emoção é justamente aquilo que não tem representação.[16] Não é uma ideia, é um afeto, um devir, um movimento. Uma emoção é um modo de pensamento não representativo. Isso é óbvio quando pensamos nos substantivos abstratos que usamos para nomear as emoções: não há representação possível de "esperança", "amor", "inveja", só podemos representar pessoas esperançosas, apaixonadas ou invejosas. Nessas representações, a narrativa demonstra toda a sua relevância cognitiva e sua atualidade: talvez seja a única forma textual que nos permite compartilhar, compreender e, ao mesmo tempo, preservar o mistério associado às emoções humanas. E aí está o cerne do desafio para a escritora de narrativa: ao contrário da poesia, que se livra da representação, a ficção não pode escapar tão facilmente dela.

Num ensaio fundamental sobre a emoção na poesia, Alicia Genovese[17] concebe a imagem poética como uma apreensão emocional do mundo, "capaz de questionar a fronteira estabelecida por uma verdade", capaz de superar o pensamento do artista que a originou e gerar novos conhecimentos. Mas a escritora de narrativa não pode, como a poeta, ancorar a emoção na construção da imagem em que, segundo essa autora, coexistem o logos e o *affectus*. O desafio de quem escreve ficção é fazer com que a compreensão emocional do mundo entre na lógica sequencial e representacional de uma história. É ali, ao pensar nessa matriz lógica e cronológica, que se pode cair no sentimental: a tentação de "dizer" a emoção.

Nas histórias que abandonei pelo meio, faltava esse impulso da emoção, ou talvez o núcleo emocional delas estivesse tão impregnado em mim, que eu não consegui alcançá-lo. Francis Scott Fitzgerald tem um texto muito bonito e generoso sobre seus falsos começos, sobre relatos que ele nunca foi capaz de terminar. Examinando algumas dessas ideias que ficaram pelo meio do caminho, ele confessa:

> Se um amigo me diz que tem uma história para mim que consiste em ser atacado por piratas brasileiros em uma cabana à beira de um vulcão nos Andes enquanto minha namorada está amarrada e amordaçada no telhado, posso muito bem admitir que há muitas emoções em jogo lá; mas tendo evitado com sucesso os piratas, os vulcões e as noivas que acabam amarradas e amordaçadas em telhados, sou incapaz de senti-las. Quer eu esteja falando de algo que aconteceu ontem ou há vinte anos, sempre tenho de começar com uma emoção que seja próxima de mim e, portanto, eu entenda.[18]

Perdoando Fitzgerald por seu exotismo e imprecisão geográfica, acho que o que ele propõe é muito compreensível: partir de uma emoção conhecida é um requisito tão importante quanto o ritmo, a intriga ou ter uma boa história. Embora isso não signifique negar o trabalho da imaginação. Pelo contrário: a história pode ser puramente ficcional, sem nada de autobiográfico. Mesmo no cenário mais fantástico, o componente da emoção vivida é inescapável. De fato, textos baseados na pura imaginação me parecem muito mais arriscados do que aqueles que recorrem à mera autobiografia ou à narração do cotidiano. A autora que cria um mundo compartilha uma fantasia muito íntima, um segredo no qual investiu talvez anos de sua vida. É algo tão corajoso quanto contar um sonho: submeter o próprio inconsciente ao julgamento de quem lê. Shirley Jackson tem uma passagem muito esclarecedora sobre isso. Ela conta que escreveu *A assombração da casa da colina*[19] como resultado de uma experiência puramente emocional: em uma viagem de trem a Nova York, viu uma casa tão assustadora, que teve pesadelos durante suas férias e decidiu voltar no trem noturno com medo de vê-la novamente. Essa visão de uma janela de trem foi a origem de seu romance. "O que aquele edifício horrível me fez sentir foi um excelente começo para aprender como as pessoas se sentiam quando se deparavam com o sobrenatural", diz ela em "Experiencia y ficción" [Experiência e ficção].[20]

Como recuperar ou pensar essa emoção-origem do ato de escrita? Enquanto lia e pesquisava esses temas, descobri que o mesmo editor que cerceava os textos de Raymond Carver dava aos alunos de sua oficina instruções que sempre tinham uma forte emoção como ponto de partida. No primeiro exercício do curso, Gordon Lish os "obrigava" a confessar seu pior segredo em duas linhas, ou seja, contar a ação de seu passado que os envergonhara por toda a vida, o ato ignominioso que "desmantelava completamente o sentido do eu". A história é contada por Amy Hempel, que foi sua aluna durante os anos 1980. Lish argumentava que esse tipo de exercício — que levou Hempel a escrever um de seus primeiros e mais belos contos — confrontava seus alunos com a necessidade emocional de narrar. "Você tem que arrancar o coração do peito e deixá-lo na página, só assim Deus vai te ouvir", costumava dizer Lish nas aulas (pelas quais pagavam honorários altíssimos, cerca de quatrocentos dólares por sessão).[21] Além de sua personalidade despótica e narcisista, nisso estou de acordo com Lish: só o coração permite escrever, pô-lo na página é dar-se permissão, mas também aceitar o risco que escrever implica.

Eu disse antes que a autora que não arrisca o coração não arrisca nada. No entanto, grande parte da ficção contemporânea o esconde, seja por trás desse despojamento prescritivo da prosa, seja por trás do exibicionismo sentimental: ambos são disfarces aptos para deixar o verdadeiro eu fora do texto, formas de não se comprometer, não se envolver com o texto. Mas, se a autora não se envolve, por que esperar que a leitora se envolva? Os textos mais anódinos e expulsivos são aqueles em que se sente a falta de empenho de quem os escreveu. Talvez tenha a ver com a desconfiança que existe em torno da ficção hoje em dia. Ninguém quer pôr o coração nisso porque parece que ele está em todos os lados: nas redes sociais, em que temos um repertório limitado de reações emocionais que dispensam palavras a favor de emojis simpáticos; nos meios de comunicação de massa, nos quais o melodramático há muito conquistou a maioria dos programas, incluindo telejornais e programas de opinião; em um certo ramo da "literatura do eu". A emoção é moeda desvalorizada nessas mídias. Ainda mais corajoso, então, é devolvê-la à ficção. Mas como é difícil arriscar o coração nesse contexto! Você corre o risco de ser pisoteado; acima de tudo, de ser confuso. Não é surpreendente que tantos alunos tenham pavor de colocá-lo na página. No entanto, é o primeiro requisito para quem se dispõe a escrever ficção.

O que significa, para mim, "pôr o coração nisso"? A autora de ficção tem de estar disposta a admitir sua ignorância, a tomar como ponto de partida sua perplexidade, seu não saber, seu não compreender de todo: tem de estar disposta a partir daquela emoção obscura e ininteligível que nem sequer consegue nomear. Escrever um relato é sua tentativa de cercá-la, interrogá-la, entendê-la. O ato ou fato evocado, o ponto de partida de uma história, nunca é transparente, muito menos pode ser reduzido *a priori* a uma sequência lógica de ações. Estamos ainda em outra instância, mais confusa e mais perigosa. Partimos de um caos criativo, de uma situação ainda ininteligível, por isso a escrevemos. Ao contrário do que muitos jornalistas pensam quando perguntam a uma escritora sobre "seus temas", ninguém se senta para escrever ficção pensando em um tema ou em transmitir uma emoção ("vou escrever uma história sobre ressentimento, sobre amor ou sobre entusiasmo" soa como um propósito condenado ao fracasso). No entanto, é assim que as emoções aparecem em certas críticas culturais: são meros temas, ou seja, esquemas de previsibilidade, nichos vazios que a tradição artística foi preenchendo de textos. Esses esquemas, muitas vezes tão transitados que se tornaram clichês, permitem um certo nível de comunicação, fazem referência ao "lugar-comum", que é, acima de tudo, um lugar de entendimento de uma comunidade. Mas uma escritora não escreve temas, escreve histórias. Pelo contrário, os temas são sempre pontos de chegada, não pontos de partida para quem narra. Só depois de escrito o texto é que podemos, talvez, concordar com a leitura da crítica que procura reduzi-lo a um tema e dizer: "Pois é, este texto é sobre amor, desejo ou ressentimento" (embora saibamos que toda ficção é muito mais do que esses esquemas de previsibilidade através dos quais uma sociedade se põe de acordo sobre a experiência humana).

Se o texto está bem tramado, a emoção surgirá dele não como a representação impossível de um sentimento "real", mas como parte do significado total da história. A emoção em um texto de ficção é da ordem do não narrado, é apenas um vislumbre para o qual toda a estrutura da trama foi construída, surge dele. A emoção total produzida por um conto equivale à passagem rápida e cintilante do lobo de Nabokov, nem verdadeira nem falsa: outra coisa. Um ato de encantamento que nos confronta não com a verdade ou a mentira, não com o mundo como ele é, mas com o mundo como ele poderia ser.

As boas escritoras de ficção aceitam sua vulnerabilidade, aceitam começar a escrever sem saber para onde estão indo. Escrever é, de fato, tornar-se cada vez mais vulnerável. "Então escrever é o modo de quem tem a palavra como isca: a palavra pescando o que não é palavra. Quando essa não palavra — a entrelinha — morde a isca, alguma coisa se escreveu", dizia Clarice Lispector.[22] Que outra coisa é a emoção senão "o que não é palavra"? É preciso coragem para se lançar à escrita de um texto ficcional: tentar contar o que não é totalmente compreendido, o medo, a angústia, o amor (ainda sem esses nomes), que só no processo de narrar serão desvendados, reapresentados em toda a sua dimensão, voltados a experimentar desta vez como texto vivo. Ou seja, levados a um novo nível de entendimento. Escrever é descobrir. Não só o que era desconhecido, mas também o que antes estava coberto: escrever é descobrir o eu, despojá-lo da linguagem-casca que era seu refúgio em busca de uma mais próxima da verdade emocional. Se a autora de ficção fez seu trabalho, do outro lado, quem ler o fará com a espinha dorsal, na ponta da cadeira, com o coração prestes a saltar. Saberá que na origem daquele texto, daquela matéria aparentemente inerte, houve alguém que arriscou tudo no ato de pôr em palavras aquilo que não as contém.

[1] A autora optou, na versão original deste livro, em não pôr as referências de número de página das citações que, por isso, não são, na maior parte dos casos, localizáveis nas edições em português (quando existentes). Dessa forma, optamos por traduzir livremente a maioria dos trechos a partir da citação em espanhol, salvo aquelas cuja fonte é indicada em nota de rodapé e, também, os trechos de obras de Clarice Lispector, que foram transcritos a partir do original em português. (N.T.)

[2] Vladimir Nabokov, *Curso de literatura europea*, Madri: Ediciones B, 2016. [Ed. bras.: *Lições de literatura*, trad. Jorio Dauster, São Paulo: Fósforo, 2021.]

[3] Flannery O'Connor, "Writing Short Stories", in *Mystery and Manners. Occasional Prose*, Nova York: Farrar, Straus and Giroux, 1970.

[4] Horacio Quiroga (1878-1937) foi um destacado escritor uruguaio, reconhecido por sua contribuição à literatura latino--americana. Entre suas obras mais significativas estão *Cuentos de la selva* (Salamanca: Anaya Ediciones, 2001) [Ed. bras.: Contos da selva, trad. Wilson Alves-Bezerra, São Paulo: 2021] e *Los desterrados* [Os desterrados] (Buenos Aires: Editorial Galerna, 2022), que exploram temas como a natureza, a psicologia humana e as complexidades da vida na região latino-americana. Sua escrita influenciou profundamente a narrativa regionalista e continua a ser estudada e apreciada na atualidade. (N.E.)

[5] Horacio Quiroga, "Decálogo del perfecto cuentista", disponível em https:/literatura. us. [Ed. bras.: *Decálogo do contista perfeito*, Porto Alegre: L&PM, 2009.]

[6] Roland Barthes, *El placer del texto*, Madri: Siglo XXI, 1993. [Ed. bras.: *O prazer do texto*, trad. J. Guinsburg, São Paulo: Perspectiva, 2019.]

[7] Roland Barthes, op. cit.

[8] Gordon Lish (1934-) é um editor literário estadunidense, conhecido por seu trabalho com diversos autores, dentre os quais Raymond Carver, Don DeLillo e Amy Hempel. (N.E.)

[9] Raymond Carver, *De que falamos quando falamos de amor*, trad. Carlos Santos, Lisboa: Relógio D'água, 2015.

[10] Alessandro Baricco, "El hombre que reescribía a Carver", *La Repubblica*, 27 abr. 1999, edição online na revista *Dossier*, disponível em https://revistadossier.udp.cl/dossier/el-hombre-que-reescribia-a-carver/.

[11] Raymond Carver, *Principiantes*, Barcelona: Anagrama, 2010. [Ed. bras.: *Iniciantes*, trad. Rubens Figueiredo, São Paulo: Companhia das Letras, 2009.]

[12] Alessandro Baricco, op. cit.

[13] Fleur Jaeggy (1940-) é uma escritora suíça que escreve em italiano. No Brasil, publicou *Os suaves anos de castigo* (Belo Horizonte: Âyiné, 2024), vencedor do prêmio Bagutta e do prêmio Speciale Rapallo. Sua obra explora temas como memória, identidade e a natureza do tempo.

[14] Aristóteles, *Poética*, Madri: Gredos, 1974. [Ed. bras.: *Poética*, trad. Paulo Pinheiro, São Paulo: Editora 34, 2015.]

[15] Edward Morgan Forster, *Aspects of the Novel*, Cambridge: Cambridge University Press, 1927. [Ed. bras.: *Aspectos do romance*, trad. Sergio Alcides, São Paulo: Globo, 2005.]

[16] Gilles Deleuze, *Spinoza. Filosofía práctica*, Barcelona: Tusquets, 2001. [Ed. bras.: *Espinosa: filosofia prática*, trad. Daniel Lins e Fabien Pascal Lins, São Paulo: Escuta, 2002.]

[17] Alicia Genovese, *Sobre la emoción en el poema*, Santiago de Chile: Cuadro de Tiza, 2019.

[18] Francis Scott Fitzgerald, *F. Scott Fitzgerald on Writing*, org. Larry Phillips, Nova York: Scribner, 1985.

[19] Shirley Jackson, *A assombração da casa da colina*, trad. Débora Landsberg, Rio de Janeiro: Suma, 2018.

[20] Shirley Jackson, "Experiencia y ficción", in *Cuentos escogidos*, Barcelona: Minúscula, 2015.

[21] Amy Hempel, "The Art of Fiction n° 176", *The Paris Review*, Nova York, n. 166, 2003, disponível em https://theparisreview. org/interviews/227/the-art-of-fiction-no-176-amy-hempel.

[22] Clarice Lispector, "Notas sobre el arte de escribir", *Una Brecha*, [Buenos Aires], mar 2018, disponível em https://unabrecha. com.ar/notas-sobre-el-arte-de-escribir/. [Ed. bras.: "Escrever as entrelinhas", in *A descoberta do mundo*, Rio de Janeiro: Rocco, 2020.]

No princípio, tudo: sobre o começo de um romance

A ORIGEM

Como é difícil tomar a palavra (fazer a palavra, desfazer o desejo nela). Nada nos autoriza a nos apropriarmos da violência da letra. No entanto, nos atrevemos a isso. Começamos a falar, começamos a escrever sempre como um atrevimento, um ato de subversão diante da instituição ordenadora da língua.

Mas primeiro há o desejo, que gostaria de não ter de ser palavra, porque é antes de tudo o que não é. A ideia, que é antes de tudo um desejo obscuro de escrever, pertence por isso mesmo à ordem do genial, até mesmo do divino, impulso luminoso e perfeito, desde que não chegue à página, onde inevitavelmente será fixada, plasmada em outra coisa. É também por isso que — para ser fiel ao seu desejo, para protegê-lo — a pessoa gostaria de não ter que começar, de poder deslizar silenciosamente pela linguagem, de não ser percebida como origem. Eu, pelo menos, gostaria de não ser quem inicia. Não ter de dizer, vezes sem conta, eu, a dos cinco irmãos e a casa no fim do mundo, a que teve uma égua e conheceu a felicidade animal, a que está do lado de fora desta língua e deste país: estou falando, estou escrevendo.

Como é muito mais fácil continuar do que começar, somar a voz a um coro, a uma melodia que é cantada em outra parte! Pensar no início apenas como uma intervenção em uma conversa que os outros estão realizando e na qual se acrescenta apenas uma inflexão, uma coisinha.

"Eu não gostaria de ter que entrar nessa ordem aleatória de discurso; não gostaria de ter nada a ver com quanto há nele de nítido e decisivo; gostaria que me rodeasse como uma transparência pacífica e profunda." É assim que o desejo fala, segundo Michel Foucault.[1] O desejo como força transitória que se recusa a ser fixado em uma duração — a da Língua — que não lhe pertence.

Você resiste o máximo que pode à tentação de começar. Até que não há outra escolha. É preciso soltar a faísca, aquilo que luta na mente para ser arrancado da não palavra: a voz que de repente se forma na cabeça. Sempre foi mais fácil para mim pensar na escrita como um ato de posse: ser capturada por uma voz que me dita de um lugar além de mim. Um contato sobrenatural, como acontecia com Cocteau, que anotava o que as vozes lhe diziam, inclusive a de um anjo que o possuiu em um elevador; afirmar a fé nas escrituras como uma sessão espírita, como Pessoa às vezes pensava nela. Chegar, séculos depois, à conversa entre alguns mortos amistosos. Aceitar o que haverá de ser fixado ali com uma data de óbito: a palavra escrita, desejo anulado no ato de ser dito, acalmado, ancorado na letra.

Assim: onde quer que você esteja, de que forma for, você é assaltada pela palavra. E começa.

Mas isso não nos diz nada sobre o texto, sobre a história, sobre o verdadeiro começo. Porque se começa a escrever antes da história, antes do mundo e daqueles que vão habitá-lo. "No início era o Verbo" continua a ser um dos melhores começos da literatura porque nos põe diante do poder criativo, mas também fulminante e desencorajador da linguagem: não há saída, não há nada fora dela, é origem e fim, finalidade.

Uma vez que se aceita a condição obscura da origem, a tarefa inevitável de fazer as coisas com palavras ("hoje fiz um poema", diz Alejandra Pizarnik em seu diário,[2] ela diz "hoje fiz", não "hoje escrevi", expressão que me enche de inveja e ternura porque revela em um único verbo o componente divino do desejo feito palavra), uma vez que se tenha feito as pazes com a ordem do discurso e ultrapassado seus limiares de tal forma que o texto responda ao nome da obra, pode-se realmente pensar em seu início.

O INÍCIO

O início, portanto, não coincide necessariamente com a origem. Há escritores que conservaram como início de seus textos aquela frase pela qual sua história começou a ser escrita (vou me deter mais à frente no caso de Gabriel García Márquez). Mas para a maioria dos romances não temos esses testemunhos. A relação entre origem e início não pode ser reposta, talvez nem seja importante, a não ser para aqueles de nós que nos perguntamos sobre os traços da origem na obra, sobre o lugar onde o desejo encarnou em atrevimento.

O início da *Divina comédia*[3] me parece muito revelador da tensão entre origem e começo, da posição incômoda diante da obrigação de começar. Dante produz a ilusão de entrar no discurso na metade, de estar no meio do caminho, sem começo, de não ser nem fonte nem origem e, ao mesmo tempo, ao estar perdido ou enredado na selva escura da linguagem, permite que o canto, que a escrita seja um desenredar-se, um verdadeiro "encontrar-se".

No meio do caminho de nossa vida
me encontrei em uma selva escura

Com esses versos, entramos na história de uma forma quase mágica, diz Borges, "porque hoje em dia, quando se conta algo sobrenatural, trata-se de um escritor incrédulo que se dirige a leitores incrédulos e tem que preparar o sobrenatural. Dante não precisa disso", esclarece.[4] Esse efeito — a naturalidade do sobrenatural — é alcançado porque desde o início aceitamos que estamos diante de uma espécie de "autobiografia", um relato do eu, uma exteriorização do processo da alma em seu caminho para a absolvição ou o castigo. As palavras "nossa vida" são as que preparam essa entrada. Em dois versos, aceitamos um eu que nos inclui e parece ser não apenas o sujeito da enunciação, mas o protagonista de uma história que o excede ("me encontrei"), sujeito a ser julgado ("metade da vida" é a idade do juízo), perdido, extraviado em uma floresta, uma paisagem fantástica na qual acreditamos fisicamente graças à cadência daqueles versos que sugerem (e ao mesmo tempo nos livram) do anterior: a vida vivida antes do que está acontecendo agora, do que está começando agora.

Sempre me deslumbrei com começos; sou dessas leitoras que abrem livros nas livrarias para espiar como cada autora resolve essa obrigação de dar à história seu princípio necessário e vital. No entanto, levei muito tempo — três livros — para aceitar que tudo está em jogo nas primeiras linhas. Era, penso, uma espécie de pudor, ou inércia inconsciente, uma última tentativa de ser fiel à imprecisão do desejo de escrever, uma resistência a fixar em um vetor sua vocação multiforme. Era também o medo de falar muito alto, de ser ouvida. Descobri com o tempo que não se pode escrever nada, muito menos ficção, dando lugar ao medo.

Voltei a ver essa relutância em pensar o início em alguns textos de minhas alunas e meus alunos, um "descuido" que é também uma recusa em dar um passo atrás e julgá-

-los fora daquele desejo original de escrever: esquecer o eu-origem e pensar o início do ponto de vista do texto, da história, do que contam essas páginas do romance que acaba de ser escrito.

O início de uma história tem algo de exorcismo e encantamento. Exorcizar o silêncio, encantar quem lê. É difícil começar porque há algo solene na ruptura do silêncio, em ouvir de repente o som da própria voz. Mas há mais, tem de haver mais. Porque o primeiro parágrafo não é (ou não deveria ser) apenas uma enumeração de fatos: é uma declaração de princípios. O arco de tensão que se abre nas primeiras linhas de um romance deve chegar às últimas linhas, que, lidas à luz desse início, aparecerão como seu único fechamento possível. Amós Oz tem um livro em que analisa o pacto de leitura que abre alguns romances, o que cada um promete a quem embarca na aventura de lê-lo.[5] Gosto de pensar em começos como um jogo em que cada autora, com um número finito de variáveis, arranja as coisas para renovar as regras a cada vez. Gostaria de ir um pouco além do pacto com o leitor e pensar nos começos como declarações estéticas, como a ocasião em que se revelam as apostas do texto e a posição do romancista. Porque tudo está em jogo nessas linhas: o tom, o destino do herói, o interesse da história e sua forma de encarnar o discurso.

Na última seção, vou pensar em tipos de começos, ou seja, ver como essas variáveis se combinam em alguns romances. Mas, antes, quero me deter um pouco mais em três começos da literatura latino-americana para espiar um pouco esse ato de ilusionismo, entender o que se corporifica nele, o que é declarado, ocultado, prometido.

COMEÇOS E DECLARAÇÕES

NO PRINCÍPIO, SÓ TEMPO: *CEM ANOS DE SOLIDÃO*

Gabriel García Márquez contou muitas vezes a história do dia em que a primeira frase de *Cem anos de solidão* apareceu em sua cabeça:

> De repente, no início de 1965, eu estava indo com Mercedes e meus dois filhos passar um fim de semana em Acapulco, quando me senti atingido por um cataclismo da alma tão imenso e doloroso que quase não consegui desviar de uma vaca que atravessou a estrada... Não tive um minuto de descanso na praia. Na terça-feira, quando voltamos à Cidade do México, sentei-me na máquina para escrever uma frase inicial que não conseguia mais guardar dentro de mim: *Muitos anos depois, diante do pelotão de fuzilamento, o coronel Aureliano Buendía havia de recordar aquela tarde remota em que seu pai o levou para conhecer o gelo.* A partir daí, não me interrompi por um único dia, em uma espécie de sonho devastador até a linha final, quando Macondo foi levada pelos ares.[6]

É difícil dizer onde termina o começo de *Cem anos de solidão*. O primeiro parágrafo do romance tem uma página e meia, o que não é gratuito. O autor cria nele um mundo muito antigo, e criar um mundo leva tempo e espaço. Cada linha abre uma nova porta desse universo. A operação não se assemelha à de alguém que olha para uma paisagem e a pinta, mas à de alguém que está inventando um planeta enquanto o escreve. Temos a ilusão de testemunhar aquele ato em que uma palavra pede outra, uma ação chama sua consequência, até que das frases surjam geografias, seres, sistemas, lógicas que lhe dão vida. Esse começo tem algo de ficção científica sem ser isso. Ou melhor, algo bíblico. *Cem anos de solidão* cria um mundo em direção ao interior de si mesmo, asfixiante, ensimesmado. Pode-se sentir na frase que continua a anterior uma queda, uma regressão do tempo em direção aos fundamentos do mundo que acaba de ser criado, em direção a uma improvável gênese ou *big bang* do qual Macondo emergiu. A terceira linha já confirma isso: "O mundo era tão recente que muitas coisas não tinham nome, e para mencioná-las era preciso apontá-las com os dedos."

Cem anos de solidão é um romance detido em seu próprio começo. Como se o autor apagasse seu mundo e voltasse a esboçá-lo a cada capítulo. Essa regressão permanente do tempo no romance foi muito discutida. É um efeito, uma ilusão: em Macondo, o tempo não passa, mas começa a cada vez, se estanca. Daí a importância do marco temporal e da condenação no título. O texto desenvolve essa aposta desde o primeiro parágrafo até sua memorável última linha.[7] Essa característica do romance — paradigmática da ambição do "romance total" do *boom* latino-americano — cativa, mas também afasta milhares de leitores ao redor do mundo. Eu o li quando tinha quinze anos, então não tive escolha senão ser cativada. Mas, sempre que penso em *Cem anos de solidão*, lembro-me da anedota que me foi contada por um professor estadunidense que a incluíra como obra canônica em um de seus cursos. Na primeira aula, um aluno que havia tentado lê-lo e desistido declarou, ao vê-lo na lista de leitura: *Oh, no. One Hundred Years of Page One!* [Oh, não. Cem anos de página um!]

Vou fazer um corte arbitrário do primeiro parágrafo do romance — apenas a primeira frase, que é a mesma que García Márquez recorta em sua memória — para interrogar o que acontece ali com o conjunto de variáveis que toda autora de ficção tem à sua disposição:

Muitos anos depois, diante do pelotão de fuzilamento, o coronel Aureliano Buendía havia de recordar aquela tarde remota em que seu pai o levou para conhecer o gelo.[8]

De tudo o que foi dito sobre essa frase, fico com duas afirmações que a leitora recebe como um despertar de sua curiosidade — a curiosidade, como diz Gardner,[9] nada mais é do que o efeito produzido pela ficção generosa: querer saber, querer desvendar os porquês e os comos da história que começa. Quem abre esse livro sabe que está lidando com a história de um condenado e com um mundo em que o gelo é motivo de espanto. Em uma única frase, o autor faz jus à história e ao mundo que será narrado no romance. Tanto uma poética do espanto quanto a ideia de um livro que seja um cosmos singular e ordenador, uma alternativa ao mundo maçante em que vivemos, estão codificadas nessa primeira frase. Sabemos que estamos diante de um romance em que o mundo criado importará muito mais do que os personagens que o povoam. Seu *status* de artifício, sua distância sideral do "real" é declarada na primeira linha e completada em seu longo primeiro parágrafo.

Quero voltar agora à tensão entre origem e começo de que falei anteriormente. Na historieta que citei acima sobre o surgimento dessa primeira linha, García Márquez faz coincidir origem e começo: começou a escrever o romance, diz ele, enquanto dirigia, e começou por essa linha. No entanto, ele variou muito a forma dessa história em diferentes entrevistas. Esta outra versão, por exemplo, é um pouco diferente e tem um fato fundamental para mim: a voz herdada, a ilusão de uma continuação, o exorcismo da origem graças à voz de sua avó: "Um dia, indo a Acapulco com Mercedes e as crianças, tive uma revelação: precisava contar a história como minha avó me contava as dela, partindo daquela tarde, quando o menino é levado pelo pai para conhecer o gelo." "Uma história linear", interpela o jornalista que o entrevista. "Uma história linear onde com toda a inocência o extraordinário entrasse no cotidiano", esclarece García Márquez.[10]

O apelo à tradição oral não me parece acidental. A permissão genealógica para narrar, a permissão para a digressão, para o arbitrário é o que a avó permite. Exorcizar a origem com a ilusão de continuar a voz de outra é, ao mesmo tempo, o segredo do programa literário de García Márquez. O apelo ao relato oral esconde e revela a genealogia da qual seu romance descende: a lenda, o popular, o folclórico, o conto maravilhoso. Como se pode ver nessa versão, Márquez abre com essa linha não apenas um romance, mas o programa completo de sua literatura, o que mais tarde será chamado de "realismo mágico" (indo além de todas as controvérsias sobre a origem e as apropriações do termo). Nesse relato, o gelo é mais importante do que o condenado à morte, que desapareceu da origem do romance. Nesse sentido, sinto que é mais "fidedigna" do que a anterior: "o extraordinário no cotidiano" (o maravilhoso) é mais importante como projeto estético da literatura de García Márquez do que o fato da condenação de um homem, dos militares, da História. Certamente a variação dessa memória de origem se soma ao já enorme mito de seu autor. Mas, pelo que promete, pelo que declara (pelo que esconde), *Cem anos de solidão* continua sendo um dos começos mais marcantes da literatura; nele tudo é exposto e ao mesmo tempo escondido para que tenhamos de trabalhar a fim de descobri-lo: o destino do herói, o mundo incrível que lhe coube viver, o programa de toda uma literatura.

NADA NUNCA COMEÇOU: *A HORA DA ESTRELA*

A hora da estrela[11] é o último e mais brilhante romance de Clarice Lispector, aquele com o qual ela culmina e ao mesmo tempo abandona o projeto de toda a sua literatura. É o romance jamais escrito, aquele que nunca começou porque não podia, porque não pode ser escrito.

A primeira coisa a se perguntar diante desse texto é por onde ele começa. A autora se livra da obrigação de começar propondo três começos, três ensaios de início que, na realidade, são a negação dessa rotundidade e, portanto, pura potencialidade. O romance começa três vezes: na dedicatória, nos subtítulos que estão ligados ao título em constante disjuntiva ou negativa em escolher um termo, e no primeiro parágrafo da narração de Rodrigo S. M.

"Dedicatória do autor (na verdade, Clarice Lispector)", lemos na primeira página, título a que se segue um texto encarnado em uma voz masculina, a de Rodrigo S. M. Desse modo, estabelece-se o jogo de máscaras entre o nome da autora e o narrador da história de Macabéa, da mesma forma que o jogo entre esse narrador e a nordestina será estabelecido posteriormente. Da dedicatória, interessam-me estas linhas que encerram o primeiro parágrafo em que o romance é dedicado:

> [...] a todos esses que em mim atingiram zonas assustadoramente inesperadas, todos esses profetas do presente e que a mim me vaticinaram a mim mesmo a ponto de eu neste instante explodir em: eu. Esse eu que é vós pois não aguento ser apenas mim, preciso dos outros para me manter de pé, tão tonto que sou, eu enviesado, enfim que é que se há de fazer senão meditar para cair naquele vazio pleno que só se atinge com a meditação. Meditar não precisa de ter resultados: a meditação pode ter como fim apenas ela mes-

ma. Eu medito sem palavras e sobre o nada. O que me atrapalha a vida é escrever.[12]

O "eu" que se apresenta como marca de outros será aquele que narra a história de Macabéa. Em outras palavras, o narrador nada mais é do que uma ferida ou vestígio do mundo registrado em matéria sensível. Essa voz completa e, ao mesmo tempo, rompe com a obra hermética, ensimesmada, de Lispector. Na origem desse romance, dizem-nos, há "uma coisa" feita de música, de sangue, de nostalgia, de gnomos, de anões, de sílfides. Há um eu nascido de tudo o que gerações e gerações tentaram destilar da experiência humana. É a negação da autora por excelência: começar um romance com uma espécie de grande caos criativo do qual surge uma automáscara masculina para narrar o que não pode ser narrado, a tarefa de narrar outra que será sempre um enigma: a jovem nordestina, protagonista de uma história tão estranha que é impossível contar. Assim, o início (que é mini-história de origem) anuncia o grande tema do romance: o que não é narrável ("O que me atrapalha a vida é escrever").

Com essa história da origem, chegamos ao segundo começo do romance: uma sucessão de títulos possíveis que são outras formas de falar sobre a impossibilidade de contar a história de Macabéa, uma impossibilidade marcada por aqueles termos que a têm como referência ("que ela se ajeite", "ela não sabe gritar") e por aqueles que se referem ao eu ("a culpa é minha", "não posso fazer nada"). Assim, com todas essas advertências sobre a impossibilidade de uma mulher branca, ex-esposa de um diplomata, contar a história de uma pobre menina do Norte brasileiro, de realmente encarnar em sua pele, entramos no romance — agora sim — em suas magistrais primeiras linhas:

Tudo no mundo começou com um sim. Uma molécula disse sim a outra molécula e nasceu a vida. Mas antes da pré-história havia a pré-história da pré-história e havia o nunca e havia o sim. Sempre houve. Não sei o quê, mas sei que o universo jamais começou.[13]

Postular um romance em que não há origem nem começo, em que há apenas um gesto de autora e uma história que não pode acontecer — mas que, no entanto, ocorre por pura afirmação da vida (sim!) —, escrevê-lo e ter sucesso no processo é a façanha de Lispector. *A hora da estrela* nos diz como os sinos tocam quando repicam sem que seus bronzes sejam tocados. "Agora entendo esta história. Ela é a iminência que há nos sinos que quase-quase badalam. A grandeza de cada um", escreve Lispector perto do final do romance. A grandeza que existe em uma vida que passa despercebida (a vida que não vemos da mesma forma que a estrutura do átomo mencionada na dedicatória), o sublime e o terrível dessa passagem, é o projeto que o romance propõe em todos esses "falsos" começos, necessários, no entanto, para contar o que não se vê, mas existe: a vida "minúscula" de Macabéa. Como que para confirmar tudo isso, o romance se encerra, fiel à tese com que começa, com a palavra "sim".

A hora da estrela é um romance de tese e ao mesmo tempo o encerramento de uma forma de escrever. Anuncia uma nova ordem, um novo cosmos: novos princípios de ser na linguagem. Como se nesse romance que nunca começou, mas terminou, Lispector anunciasse mais uma virada, sua entrada em outro modo de estar na linguagem, aquele que ela deixou anotado nesta passagem de *Um sopro de vida*,[14] busca que marcaria seus últimos anos:

Quero me reinaugurar. E para isso tenho que abdicar de toda a minha obra e começar humildemente, sem endeusamento, de um começo em que não haja resquícios de qualquer hábito, cacoetes ou habilidades. O know-how eu tenho que pôr de lado. Para isso eu me exponho a um novo tipo de ficção, que eu nem sei ainda como manejar.[15]

Esse tipo de ficção sem resíduos, sem hábitos, sem tiques ou habilidade, esse recomeço ou reinvenção é, em parte, o projeto de *A hora da estrela*.

O FUNDO DA ALMA: *O POÇO* OU A VERDADEIRA NARRATIVA DO EU

Gostaria de escrever a história de uma alma, dela sozinha, sem os acontecimentos em que teve de se mesclar, querendo ou não. Ou os sonhos. Desde o pesadelo ocasional, o mais distante de que me lembre, até as aventuras na cabana de madeira.[16]

Lidas hoje, essas linhas, escritas por Onetti[17] em 1939, parecem pertencer a algum contemporâneo. Exceto, talvez, pela palavra "alma", o projeto de escrever a história de um eu "sem os acontecimentos em que teve que se mesclar", uma literatura da intimidade, da introspecção, da mente, com seus sonhos e pesadelos, não está tão distante das posições atuais em favor de uma história com minúsculas (a narrativa do eu, a autoficção, o confessional), que se contrapõe aos projetos maiúsculos da literatura latino-americana dos anos 1960 (e também, em certa medida, aos gestos puramente metadiscursivos do chamado "pós-*boom*").

Essas não são, no entanto, as primeiras linhas de *O poço*. Tive que desenterrá-las de seu esconderijo no meio da primeira página. Mas poderiam ter sido seu início, pois declaram o projeto dessa história, a forma confessional que ela deverá adotar. Como tal afirmação talvez não se adequasse à forma da *nouvelle*, o texto oferece outro começo, muito mais descritivo, enganosamente trivial:

> Um tempo atrás eu estava andando pelo quarto e de repente me ocorreu que eu o via pela primeira vez.
>
> Há duas camas, cadeiras desmanteladas sem assento, jornais tostados pelo sol, com meses de idade, pregados à janela em vez dos vidros.[18]

Nada de extraordinário, nada que conquiste nossa curiosidade ou nossa leitura nessas linhas. Ou sim? O que significa que Eladio Linacero ande como um animal trancado em seu quarto de pensão e que quando olhe para ele *o veja pela primeira vez*? Por essas linhas, ficamos sabendo de duas coisas: Linacero está preso (ainda não sabemos de quê ou por quê), e seu cotidiano, que mais tarde será contado com absoluta parcialidade e sarcasmo meticuloso, o surpreende: ele o está vendo pela primeira vez. Trata-se de um começo modesto que, no entanto, declara sem revelar o segredo que, como argumentam Deleuze e Guattari,[19] a *nouvelle* exige para funcionar como forma narrativa: algo aconteceu na vida desse personagem, algo que o levou à sordidez daquele quarto de pensão e dos personagens que o cercam, algo que não pode ser nomeado e em torno do qual Linacero tentará escrever sua autobiografia para cercá-lo, ou conjurá-lo, ou desfazê-lo ao evocá-lo. Nunca saberemos com certeza — como ele não sabe — o estatuto da realidade daquele evento ocorrido em sua juventude com uma menina na casa do jardineiro, durante uma festa de fim de ano. Vamos entender ou pensar que ele a enganou para humilhá-la, e, mesmo que ele declare que nunca teve a "intenção de violá-la", o ato é poderosamente admitido na defesa. Mas nada disso é certo. Só saberemos, como ele fez, que ela morreu pouco depois. Foi esse acontecimento que o levou àquele quarto de pensão, aos quarenta anos, disposto a escrever sua autobiografia, que é uma história sem acontecimentos, uma vez que foi enclausurada por esse segredo: Linacero não pode fazer outra coisa senão ficar trancado no quarto interrogando-o e variando-o em "aventuras", passar a noite dentro de si, ir para dentro, para o poço ou o relato da alma, de seus sonhos e pesadelos, sempre no tempo presente. A ilusão de ver o quarto de pensão pela primeira vez é uma ilusão de sobriedade, de clareza: a vida ordenada no ato de evocá-la, compreendida no que está englobado na narrativa de sua noite escura da alma. Mas antes de chegarmos à alma temos de passar pela memória. Sabendo *a posteriori* o que o move a narrar, o evento secreto que terá de interrogar, lemos a ironia na seguinte declaração do personagem:

> O que escrevo são minhas memórias. Porque um homem deve escrever a história de sua vida quando chegar aos quarenta anos de idade, especialmente se coisas interessantes acontecerem com ele... É verdade que não sei escrever, mas escrevo sobre mim.[20]

Tudo isso ainda na primeira página. E é aí que entra a alma. Assim, o verdadeiro projeto é então declarado. A *nouvelle* é uma confissão, uma confissão enganosa. Não a história das coisas, mas apenas "a história de uma alma", e nela sonhos, pesadelos e fantasias ocupam o primeiro plano. Uma vez que a alma não é um agente no mundo, ela está livre do acontecimento, livre sobretudo do corpo que agiu sobre outro corpo. Trata-se de uma alma que dificilmente se "misturou nos acontecimentos": "Mas agora quero algo diferente. Algo melhor do que a história das coisas que aconteceram comigo. Gostaria de escrever a história de uma alma, dela mesma, sem os acontecimentos em que teve de se mesclar, querendo ou não. Ou os sonhos."[21]

Todo o projeto da literatura de Onetti — o tom desencantado da voz narrativa, a escolha de personagens derrotados, a tensão entre o mundo imaginário e o real, a forma diferente que essa tensão adquire de livro em livro (ora como pesadelo, ora quase nostálgica) até a criação de Santa Maria — se inaugura nesse seu primeiro romance. E como convém a esse início confessional e ao mesmo tempo enganador, *O poço* fecha-se com a chegada do dia, mas não da clareza, e sim da deriva ou dissolução. Assim, a *nouvelle* também funciona como uma advertência: quem se aventura na história do eu aceita ser presa dele. Porque do eu, daquele poço, daquela noite escura, não se sai nunca:

> As extraordinárias confissões de Eladio Linacero. Sorrio em paz, abro a boca, faço os dentes se chocarem e mordo suavemente a noite. Tudo é inútil e é preciso ter, pelo menos, a coragem de não usar pretextos. Eu gostaria de ter cravado a noite no papel como uma grande mariposa noturna. Mas, em vez disso, foi ela quem me levantou em suas águas como o corpo lívido de um morto e me arrasta, inexorável, entre frios e vagas espumas, noite abaixo. Esta é a noite. Vou me deitar na cama, enfraquecido, morto de cansaço, tentando adormecer antes que a manhã chegue, já sem forças para esperar o corpo úmido da menina na velha cabana de madeira.[22]

AFINAL, POR ONDE COMEÇAR?

Como vimos ao ler atentamente esses três começos, o primeiro parágrafo de um romance vai além de captar a atenção do leitor. É o impulso, a força motriz que nos leva até o fim, uma porta que se abre: o arco que se tensiona para sustentar a história até o desenlace. Cada autora saberá como essas linhas se tornaram as primeiras do texto e que diálogo deliberado, imprevisto ou indiferente estabelecem com as do fim; que trabalho de edição, transformação ou intuição se seguiu até achá-las. Esse arco de tensão é responsabilidade apenas da autora, já que quem lê as primeiras linhas obviamente não sabe o desenlace. Não há fórmulas para isso: cada romance terá o início que convém ao gesto que lhe deu origem. Mas agora quero ler os começos de certos livros como quem os abre pela primeira vez. Aprender com o que eles propõem, levando em conta como uma autora pode brincar com os três pilares de qualquer texto de ficção — história, atmosfera e personagens — com base em sua escolha do quarto e, mais importante de todos: da voz narrativa. Nesta seção, vou voltar a ser apenas uma leitora de primeiras linhas vagando aleatoriamente por uma biblioteca para tentar desvendar que tipo de encantamento alguns começos de romances propõem.

A HISTÓRIA EM PRIMEIRO LUGAR

Há começos que são cativantes por serem puramente narrativos. Apostaram tudo na história e ganharam. No mínimo, conquistam a curiosidade de quem lê. Ler narrativa é antecipar, adivinhar à medida que os olhos fazem seu trabalho, as voltas, os pontos de virada, os possíveis desenlaces do texto à nossa frente. E ler um bom relato implica ser burlado nessas antecipações. Por isso se repetiu tantas vezes como receita que, se há uma boa história para contar, ou seja, se a história é capaz de romper pelo menos com certos lugares-comuns, certos roteiros de previsibilidade social, basta começar por aí, enunciar nas primeiras linhas para que a leitora fique fatalmente presa. Esse efeito será maior se a história for realmente extraordinária e nunca tiver sido contada antes. Como esta:

Todas as crianças crescem, exceto uma...
Peter Pan, J. M. Barrie

Ou esta:

Por trás de cada homem vivo hoje estão trinta fantasmas, pois essa é a proporção pela qual os mortos superam os vivos...
2001, Uma odisseia no espaço, Arthur C. Clarke

Às vezes, a história não precisa ser extraordinária, basta que ela seja bem declarada, como esta:

Primeiro atiraram na menina branca...
Paraíso, Toni Morrison

Ou esta:

Na vila, contam a história da grande pérola, encontrada e outra vez perdida...
A pérola, John Steinbeck

O PERSONAGEM

Há começos em que o personagem é a história, a razão pela qual queremos ler. Isso acontece muito nas histórias de iniciação, em que se conta a constituição de um sujeito ou sua transformação em outro:

Antes de me apaixonar por qualquer mulher, entreguei meu coração ao acaso e a Violência venceu...
A voragem, José Eustasio Rivera

Me chame de Ishmael. Há alguns anos — não importa há quanto tempo exatamente —, tendo pouco ou nenhum dinheiro no bolso, e nada em particular que me interessasse em terra, pensei em navegar um pouco por aí, para ver a parte aquática do mundo...
Moby Dick, Herman Melville

Agora sou mãe e também mulher casada, mas há pouco tempo eu era delinquente...
Una novelita lumpen, Roberto Bolaño

COMEÇOS TONAIS

Há começos em que nem a história, nem o personagem ocupam o primeiro plano por pertencerem a outro tipo de texto, que em algum momento foi considerado "moderno" justamente por ir contra o impulso de contar e, portanto, o impulso de saber ou antecipar. Nesses romances somos avisados desde o início que não estamos entrando em uma história do tipo "era uma vez". Trata-se de um jogo com outras regras, cujo referente é a própria história literária. Que tipo de jogo se estabelece vai depender do romancista.

O caso paradigmático desse tipo de início é *Dom Quixote*,[23] o texto que inaugura essa forma "moderna" de narrar. Mas o jogo pode não ser necessariamente metadiscursivo, pode tratar-se de uma aliança: a que a voz narrativa estabelece com o protagonista. Também as primeiras linhas de *O processo*[24] nos alertam de que a história não é importante, na verdade não existe tal história. Também não é importante o personagem (poderia ser qualquer ser humano). O que vamos ler tem a ver com uma denúncia, um jogo em que a voz narrativa tomou partido desde o início (embora isso seja de pouca utilidade para seu protagonista):

> Alguém deve ter caluniado Josef K., porque, sem ter feito nada de errado, ele foi detido uma manhã...
>
> *O processo*, Franz Kafka

Quando a ênfase não está na história ou nos personagens, mas na voz que narra, pode acontecer de sermos capturados por um determinado tom, uma melodia particular. Esses casos incluem tanto as vozes que apelam para o humor:

> O sol saiu e, por falta de alternativas, não brilhou sobre nada novo...
>
> *Murphy*, Samuel Beckett

quanto outras em que prevalece uma determinada emoção — ou tonalidade — que colorirá todo o romance e será a principal responsável por nosso desejo de ler, desejo que se manifesta não tanto como um impulso de saber ou descobrir, mas como um submergir-se, fundir-se em uma música. Assim como ocorre com as histórias extraordinárias, melodias extraordinárias também têm o poder de encantar quem lê. Como esta, em que duas ou três regras de "escrita eficaz" são quebradas e, por isso mesmo, queremos continuar lendo:

> Jaz aqui em sua banheira como um cérebro em seu crânio: excrescência dispensável, ferida absurda, inutilmente orgânica. Tantos anos de mentiras futuristas ("os gênios de 2000!") prorrogaram o impulso filicida de seus pais até hoje, ou seja, nunca: estranhamen-

te aqui, pés como os de um mendigo em El Greco, ele jaz em sua banheira estranhamente ele mesmo, isto é, vazio: estranhamente ninguém...

DAF, Beatriz Vignoli

COMEÇOS ESPACIAIS

São aqueles em que predomina a atmosfera — não só o lugar, mas também o tempo e a maneira particular como ambos se combinam na voz narrativa —, a textura do mundo em que o romance se passa. A atmosfera domina aqueles relatos que não poderiam acontecer em nenhum outro lugar; ela aparece para nós como um entorno único, singular, que de alguma forma deu origem aos personagens e seu destino e, portanto, justifica a história que será contada.

Aos catorze anos eu era aluna de um internato em Appenzell. O lugar em que Robert Walser tinha feito muitas caminhadas quando estava no hospital psiquiátrico, em Herisau, não muito longe do nosso instituto. Morreu na neve. Há fotografias que mostram suas pegadas e a posição do corpo na neve. Não conhecíamos o escritor. Nem mesmo nossa professora de literatura o conhecia. Às vezes acho bonito morrer assim, depois de um passeio, deixar-se cair em um sepulcro natural, na neve de Appenzell, depois de quase trinta anos de hospital psiquiátrico em Herisau. É uma verdadeira lástima que não soubéssemos da existência de Walser, teríamos colhido uma flor para ele. Kant também, antes de morrer, ficou comovido quando um estranho lhe ofereceu uma rosa. Em Appenzell não se pode deixar de passear. Se você olhar para as pequenas janelas com listras brancas e as flores industriosas e incandescentes nas varandas, percebe um refúgio tropical, uma luxúria contida, você tem a impressão de que algo serenamente tenebroso e um pouco enfermiço está acontecendo lá dentro. Uma Arcádia da enfermidade. Pode parecer que há paz e o idílio de morte, na pureza. Uma exultação de cal e flores. Fora das janelas, a paisagem nos reclama; não é uma miragem, é um Zwang, como se dizia no colégio, uma imposição...

Os suaves anos do castigo, Fleur Jaeggy

Esta seção poderia incluir o início de *Um conto de duas cidades*,[25] sempre citado como um dos melhores da literatura. Nele, Dickens toma o tempo como protagonista a ponto de parecer um espaço, aquele espaço que são as duas cidades que estão no título do romance.

Era o melhor dos tempos, era o pior dos tempos, a época da sabedoria e também da loucura; a era da crença e da incredulidade; a era da luz e das trevas; a primavera da esperança e o inverno da desesperança. Tínhamos tudo, mas não tínhamos nada; caminhávamos para o céu e nos extraviávamos pelo caminho oposto...

Um conto de duas cidades, Charles Dickens

Um começo espacial (e tonal, porque, como no de Fleur Jaeggy, neste início a emoção tinge o espaço) abre com a cidadezinha e depois se concentra em seu edifício mais alto, o café fechado que será o centro misterioso do relato que também dá título à obra:

A cidadezinha por si só já é melancólica. Não tem grande coisa, além da fábrica de fiação de algodão, as casas de dois cômodos onde moram os operários, vários pessegueiros, uma igreja com dois vitrais e uma rua principal miserável que não mede mais de cem metros.

A balada do café triste, Carson McCullers

COMEÇOS PROPOSITIVOS

Esses começos estão entre os mais citados na literatura, talvez por sua audácia. Neles, o romance funciona como prova da tese enunciada nas primeiras linhas. Haveria muito a comentar sobre isso, já que nem todos os autores, uma vez enunciada a proposição, seguem o caminho da prova. A frase no início de um texto pode ser usada para diferentes propósitos ou estratégias narrativas, como pode ser visto no caso do romance de Jane Austen que cito abaixo. O contraste entre ela e Tolstói aparece em forma de comentário:

Todas as famílias felizes são parecidas; as infelizes o são cada uma à sua maneira...
Anna Kariênina, Leon Tolstói

É uma verdade universalmente reconhecida que um homem solteiro na posse de uma fortuna precisa de uma esposa...
Orgulho e preconceito, Jane Austen

Brincar com o início de um texto — pensar nas primeiras linhas de um romance — consiste em saber *ocultar dizendo*, o que, de fato, é a missão de todo texto de ficção. Nas palavras de Henry James: "A ficção é o poder de narrar o oculto no que se vê."[26]

[1] Michel Foucault, *El orden del discurso*, Barcelona: Tusquets, 1992. [Ed. bras.: *A ordem do discurso – Aula inaugural no Collège de France, pronunciada em 2 de dezembro de 1970*, trad. Laura Fraga de Almeida Sampaio, São Paulo: Edições Loyola, 2012.]

[2] Alejandra Pizarnik, *Diarios*, Barcelona: Lumen, 2010.

[3] Dante Alighieri, *A divina comédia*, trad. Eugenio Mauro, São Paulo: Editora 34, 2017.

[4] Jorge Luis Borges, "La Divina Comedia", in *Siete noches*, México: Fondo de Cultura, 1998. [Ed. bras.: "A Divina comédia", in *Borges oral & Sete noites*, trad. Heloisa Jahn, São Paulo: Companhia das Letras, 2011.]

[5] Amós Oz, *La historia comienza*, Madri: Siruela, 1996. [Ed. bras.: *E a história começa*, trad. Adriana Lisboa, Rio de Janeiro: Ediouro, 2007.]

[6] Gabriel García Márquez, *Cem anos de solidão*, trad. Eric Nepomuceno, Rio de Janeiro: Record, 2018.

[7] "[...] porque as estirpes condenadas a cem anos de solidão não tinham uma segunda chance sobre a terra", na tradução de Eric Nepomuceno (op. cit.). (N.E.)

[8] Gabriel García Márquez, op. cit.

[9] John Gardner, *Para ser novelista*, Madri: Fuenteteja, 2008.

[10] Gabriel García Márquez, *Cheiro de goiaba: conversas com Plinio Apuleyo Mendoza*, trad. Eliane Zagury, Rio de Janeiro: Record, 2020.

[11] Clarice Lispector, *A hora da estrela*, Rio de Janeiro: Rocco, 2020.

[12] Idem.

[13] Idem.

[14] Clarice Lispector, *Um sopro de vida*, Rio de Janeiro: Rocco, 2020.

[15] Idem.

[16] Juan Carlos Onetti, *El pozo*, Barcelona: Debolsillo, 2016. [Ed. bras.: *O poço/Para uma tumba sem nome*, trad. Luis Reyes Gil, São Paulo: Planeta, 2009.]

[17] Juan Carlos Onetti (1909-1994) foi um escritor uruguaio, considerado um dos maiores nomes da literatura latino-americana do século XX. Entre seus livros mais aclamados, estão *O poço* (op. cit.) e *A vida breve* (trad. Josely Vianna Baptista, São Paulo: Planeta, 2009). (N.E.)

[18] Juan Carlos Onetti, op. cit.

[19] Gilles Deleuze e Felix Guattari, "Tres novelas cortas", in *Mil mesetas. Capitalismo y esquizofrenia*, Madri: Pretextos, 2010. [Ed. bras.: *Mil platôs. Capitalismo e esquizofrenia*, trad. Ana Lúcia de Oliveira et. al., São Paulo: Editora 34, 2020. (Coleção Mil Platôs)]

[20] Juan Carlos Onetti, op. cit.

[21] Idem.

[22] Idem.

[23] Miguel de Cervantes, *Dom Quixote*, trad. Ernani Ssó, São Paulo: Cosac Naify, 2019.

[24] Franz Kafka, *O processo*, trad. Modesto Carone, São Paulo: Companhia das Letras, 2005.

[25] Charles Dickens, *Um conto de duas cidades*, trad. Débora Landsberg, São Paulo: Estação Liberdade, 2020.

[26] Henry James, "The Art of Fiction", disponível em https://public.wsu.edu/~campbelld/amlit/artfiction.html. [Ed. bras.: *A arte da ficção*, trad. Daniel Piza, Osasco: Novo Século, 2011.]

O medo da imaginação: a história *vs.* os "fatos reais" na ficção literária

O PODER DO DEVANEIO

Um conto ou um romance não começa necessariamente pela história. Uma frase ouvida de passagem, uma memória, um lugar, a leitura de um livro, qualquer motivo pode acender a faísca narrativa. Isso é especialmente verdadeiro se eu pensar nos meus contos. Nem sempre consigo rastrear a origem de uma história, nem começo a escrevê-la sabendo o fim ou mesmo para onde vou. Meus contos têm origens obscuras, o momento prévio à sua escritura se assemelha a um devaneio: algo quer ser dito, arrancado de uma nebulosa perfeita de ideias e sensações. Para se transformar em conto, deve passar daquele estado de percepção íntima em que é só meu — como uma ferida ou um gesto é meu — para o filtro das palavras, deve entrar em uma lógica sequencial. Não é uma tarefa fácil, e resisto o máximo que posso até que a primeira frase se forma em minha cabeça e não há escolha a não ser escrevê-la. Quanta felicidade há nessa resistência, no fato de que a ideia é só minha.

A origem de um conto se assemelha a um devaneio e não a um sonho porque o sonho já é uma montagem de cenas, tem uma lógica narrativa, mesmo que seja a dos processos do inconsciente. O devaneio, por outro lado, é pura simultaneidade, um fundir-se na própria imaginação. É, como diz Bachelard,[1] um repouso, uma entrega às energias da alma. Temos que proteger esses devaneios, não os compartilhar nessa etapa de fragilidade que qualquer coisa imaginária tem.

Quando dessa nebulosa surge uma voz, uma frase, e não resisto mais ao contentamento do jogo que é só meu — há algo de infante no ato de se entregar ao devaneio —, eu a escrevo, mesmo sabendo que ela nunca chegará perto de representar o que era uma multiplicidade e agora é uma sucessão de palavras em uma página. Escrever ficção, para mim, sempre tem algo de traição e perigo. Entre esses dois substantivos se balança meu desejo.

A distância entre a ideia e o texto é a primeira frustração que uma escritora de ficção tem de aceitar: o que está escrito nunca faz jus à nossa imaginação. Minhas primeiras tentativas como escritora se estatelavam contra essa realidade. Na minha adolescência e por vários anos depois enfrentei esse obstáculo sem conseguir resolvê-lo: optava por não terminar meus contos, deixava os textos no meio do caminho, de onde poderiam confortavelmente iniciar a jornada de volta ao meu mundo privado, voltar a ser devaneios perfeitos. "Ah, se eu as escrevesse!", ameaçava para mim mesma, antecipando esse momento brilhante em que saberia como. Mas esse momento só chega se a pessoa for capaz de fazer as pazes com essa primeira frustração e se sentar para escrever até terminar o conto ou o romance, até dar forma narrativa àquilo que não a tem. Em outras palavras, não se trata de resolver o obstáculo, mas de aceitá-lo como parte da tarefa.

Que só se aprende a escrever escrevendo é uma verdade que lemos nos conselhos, diários e cartas de muitos escritores. Eu acrescentaria que alguém se torna uma escritora quando é capaz de entender a forma, a necessidade de uma arquitetura, sua beleza em vez de sua limitação. É uma lição de humildade.

E esse entendimento é novo a cada vez, é diferente para cada história em particular, mas para que isso aconteça é preciso escrever até o fim. Se aceitarmos essa primeira frustração, o que se segue é pura alegria: é apreciar a dificuldade. É esse prazer, essa luta nova a cada vez, essa perseverança que faz de você uma "escritora". Só se percebe a forma em um texto acabado, por mais falho ou incompleto que o sintamos. É por isso que Bachelard também diz que os livros são sonhados com a *anima*, mas são escritos com o *animus*. Para escrever ficção, precisamos fazer as pazes com uma lógica, uma direção, uma ordem. Essa é uma das primeiras coisas que tento trabalhar com meus alunos. Não é um ensinamento, é um acompanhamento: vi muitos desanimarem diante daquele primeiro obstáculo, abandonando textos no meio do caminho, condenados ao estágio de "ideias geniais" que nunca foram mais do que isso.

Então, em primeiro lugar, há o poder do devaneio. É preciso protegê-lo, exercitá-lo. Depois, o trabalho com essa matéria-prima maravilhosa que é a linguagem e com a arquitetura da forma narrativa. Pode levar anos até que eu decida tentar escrever um desses devaneios. Talvez sua origem tenha sido um pequeno motivo narrativo (não a história, mas sua faísca), uma lembrança ou uma frase que dei à minha *anima* para construir aquela nebulosa sensível. Se eu analisar o sumário de meu último livro de contos, posso reconstruir algumas dessas origens com um bom grau de certeza.

"La verdadera experiencia de la pampa"[2] [A verdadeira experiência dos pampas] foi o modo de falar certas palavras usadas por um menino que conheci e que eu associava a uma classe social, a famílias abastadas de aldeias do interior da província de Buenos Aires. A ideia nada mais era do que um vislumbre de um personagem em seu modo de falar, percebido como estranho por outro. Aquele "menino do campo" levou pelo menos um ano e meio para encontrar uma história que pudesse acontecer com ele. Enquanto isso, fazia parte de um devaneio composto por um personagem, um lugar e uma ironia para olhá-los.

"El amor es una catástrofe natural"[3] [O amor é uma catástrofe natural] foi durante anos nada mais que o desejo de escrever sobre uma cidade em que há apenas cinquenta e nove dias de sol pleno por ano, sobre o que esse clima cinzento faz ao coração e à mente das pessoas. A "ideia" não tinha personagens nem história, apenas aquele clima, aquela atmosfera que criou, por contágio, a do conto. Levei mais de seis anos para escrevê-lo.

Por outro lado, "La joven sin atributos"[4] [A jovem sem atributos] começou com um motivo narrativo. Um dia uma amiga veio à minha casa. Quando fui abrir a porta, encontrei-a com um pedaço de papel na mão. Alguém tinha colado por engano na porta do meu apartamento. Era uma convocação judicial para uma vizinha que eu nunca tinha visto. O papel dizia que se chamava Leila Ott. "Esse sim que é um bom nome", disse minha amiga como uma piada interna, sacudindo o papel enquanto entrava (na época, minha amiga e eu conversávamos muito sobre minha relutância em me chamar Betina González). Aquela frase, aquela piada associada ao nome da vizinha e à minha antiga recusa em ser quem sou reverberou no fundo de minha alma. Imediatamente (talvez naquela mesma tarde) escrevi o primeiro parágrafo da história que começa com esta frase: "A partir de hoje, vou ser outra, disse a jovem sem atributos para si mesma." Mas depois não soube como continuar ou não tive energia, porque então estava escrevendo um romance que me deixava louca de felicidade e de escrita. Continuei apenas dois anos depois, quando decidi que a história seria sobre uma jovem que espia a vizinha porque acha que ela tem um nome extraordinário e, portanto, uma vida também digna desse adjetivo.

A história foi montada a partir desse verbo poderoso, tão narrativo ("espiar"), e de uma teoria dos nomes e do destino, mas, acima de tudo, do desejo de ser outra pessoa, um desejo com o qual eu podia facilmente me identificar, porque essa é a razão pela qual escrevo. É um conto sobre o direito à imaginação; nos diz que os grandes acontecimentos de nossa vida também ocorrem em nossa mente e como tal merecem ser contados. Por isso, é um dos contos que escrevi do qual mais gosto: diz de forma narrativa algo que eu gostaria de repensar neste ensaio. Fala da força e da necessidade da imaginação, de nosso direito de viver e narrar a vida do espírito, não apenas a de nossos eventos, propósitos, atos ou acontecimentos. Toda ficção literária é, de fato, uma afirmação desse direito.

O MEDO DA FICÇÃO

A imaginação é tão parte de nossa vida, de nossa experiência, quanto o é a memória dos acontecimentos vividos. A ciência já mostrou que sempre que evocamos uma memória a modificamos, que não há nada como fidelidade aos fatos no trabalho da memória. E, ao mesmo tempo, nossas figurações são feitas da matéria-prima de nossa experiência. No entanto, vivemos em uma época que desconfia bastante da imaginação. Será por causa das *fake news* e da circulação imediata de fofocas às quais estamos expostos o tempo todo? Requer muito de nossa faculdade crítica interagir em um mundo assim, no qual, além disso, em teoria, todo conhecimento parece estar ao alcance de um clique. Sei que interrogar as fontes e proteger minhas convicções e meus interesses diante da avalanche permanente de dados são ações cotidianas que muitas vezes me perturbam.

Então pode ser que, diante desse consumo de histórias de origem duvidosa, o que aparece como verificado, "baseado em fatos reais", adquira interesse por si mesmo. Talvez isso explique o auge que o jornalismo narrativo, a crônica, o livro de depoimentos, a chamada "narrativa do eu" estão vivendo hoje. "Isso aconteceu", nos dizem esses gêneros (apesar de seus limites serem incertos). Se aconteceu, deve ser importante. Alguém já viu isso ou experimentou na própria carne: que alívio não ter que decidir por si mesma, não enfrentar a incerteza do que "poderia acontecer" ou "poderia ser verdade", do que não se sabe. Ler como quem se olha no espelho: do outro lado, a mesma coisa, o que eu já conheço porque outros discursos (o jornalismo, a ciência) me contaram antes. Narrativas que funcionam como confirmação do que se sabe. Mesmo quando postulam denúncias — o novo tema de agenda do amanhã —, o efeito de algumas dessas histórias é o mesmo: algo desconhecido entra na esfera do conhecimento graças a elas. Os fatos conferem prestígio. São "incontestáveis". No outro extremo, o texto de ficção pura e especulativa exige dos leitores um tipo diferente de entrega e trabalho.

Pensar nessas diferenças me ajuda a desvendar a razão de um aborrecimento em minha biografia. Em 2006, meu primeiro livro ganhou um prêmio que na época recebeu muita atenção da mídia. De repente, me vi em uma situação para a qual não estava nem um pouco preparada: entrevistas de rádio e televisão, fotos, absurdos do mundo do espetáculo. Durante alguns meses, senti como se estivesse andando em um campo minado, que em cada intervenção pública eu destruía o animal escuro e caprichoso em mim que é aquele que se senta todas as manhãs para escrever (ainda sinto isso, às vezes). A questão é que a pergunta que mais me faziam os jornalistas e alguns leitores, nas apresentações de *Arte menor*,[5] não era quanto tempo eu tinha trabalhado no romance ou por que eu tinha escolhido contar a história daquela forma, mas: "É a história da sua vida? Esse homem é seu pai, não é?" Quando eu dizia que não, me olhavam incrédulos. "Onde, senão da própria biografia, uma mulher de trinta e poucos anos vai conseguir um romance?", pareciam pensar. A insistência no autobiográfico me incomodava porque eu sentia que negava algo importante para mim: o trabalho da imaginação, os três anos de tentativa e erro que passei imersa naquele romance sem saber realmente se tinha um livro.

Inventar é um trabalho arriscado. Quem se propõe a escrever ficção é como um equilibrista trabalhando sem rede: sente a vertigem, a adrenalina de não saber como vai chegar ao outro extremo da corda. Alimenta-se disso. Tantas coisas podem dar errado ao longo do caminho. Você agrega um elemento, e todo o edifício oscila com inverossimilhança; você segue a linha de pensamento de um personagem e escreve um capítulo tão longo que destrói a harmonia dos outros. E assim por diante. O fato de alguns jornalistas pensarem que bastava ter vivido para escrever um romance falava de uma característica de nosso tempo, mas eu o sentia como um desprezo pelo trabalho da imaginação, por sua inteligência (não, não basta ter vivido).

É claro que contar a própria vida pode gerar um livro incrível. Mas sabemos que um texto de "não ficção" trabalha com as mesmas técnicas de um romance. Na verdade, seu valor e transcendência estarão na maneira como sua autora irá exercitá-las.

Não há nada na superfície textual ou nesses procedimentos que garanta a veracidade do que é narrado. A ficção não se opõe à verdade ou à realidade. De Piglia[6] a Saer,[7] muitos escritores já se ocuparam em desmontar essa oposição, e os teóricos da narratologia vêm nos mostrando há décadas que a ficção deve ser pensada fora dela, porque nossa realidade também é feita de ficções e, sobretudo, porque nossa imaginação faz parte tanto de nossa experiência quanto das coisas que nos acontecem. Então, por que essa predileção dos leitores contemporâneos por textos que prometem ser "baseados em fatos reais"?

Não tenho uma resposta, além da convicção pessoal de que o prestígio dos fatos fala também do prestígio de certo tipo de realismo na tradição literária, de certa solenidade no olhar e no exercício do ofício da escrita. Ursula K. Le Guin já dizia isso em 1992:

> Pensar que a ficção realista é, por definição, superior à ficção imaginativa é acreditar que a imitação é superior à invenção. Em meus momentos de maldade, já me perguntei se essa suposição nunca declarada, mas amplamente aceita e claramente puritana, não estaria relacionada à popularidade dos livros de memórias e narrativas pessoais.[8]

O jogo e a fantasia são suspeitos para alguns leitores. O velho preconceito de que as narrativas de pura imaginação (nas quais eu incluiria certo tipo de realismo "desobediente") apenas proporcionam uma evasão da realidade reaparece o tempo todo, em novas roupagens. Não vou refutar esse preconceito aqui porque séculos de literatura já o fazem: essas narrativas são tão reais, tão parte de nossa experiência quanto é nossa imaginação, e tão políticas e sérias quanto um livro de crônicas. No fundo, as literaturas realistas que se postulam como as únicas "sérias" ou "políticas" e que só conseguem ser solenes procuram evocar um perigo: o do entretenimento. Têm medo de serem consideradas frívolas. Como se o prazer devesse ser penalizado e como se os leitores não gostassem da dificuldade. É uma ideia bastante ingênua e moralista (um pouco puritana, sim) do leitor.

Seduzir ou capturar — o que não é o mesmo que "entreter"[9] — é uma das muitas coisas que a boa ficção pode fazer (além de questionar o mistério da vida e o papel que ocupamos como animais "privilegiados" no planeta). No outro extremo, o texto chato é uma variante do texto narcisista: não precisa de mim como leitora, está fechado em si mesmo, é um texto ensimesmado. Prefiro o texto que me captura. Aí está o ponto: por que somos capturados por certos textos e não por outros?

Tal como a questão da origem da ficção, essa não tem uma única resposta: um texto narrativo nos cativa por muitas razões. Pelo ritmo da linguagem, pela inteligência com que desenvolve a história, por seus personagens, seus procedimentos, pela filosofia que o anima ou por tudo isso ao mesmo tempo. Captura-nos, em suma, porque põe em jogo a imaginação de quem lê: necessita dela. Raramente o faz porque toca em um item de "agenda" ou afirma contar "fatos reais". Isso também não basta.

"Fazer ver, fazer crer" é, como dizia Conrad,[10] o poder da escritora de ficção. Como todo poder, é lógico que é um pouco assustador.

O PODER DA HISTÓRIA

Um dos poderes que a ficção exerce provém da história que conta, da inteligência narrativa que a autora teve para tramá-la. Há livros que são quase maléficos nisso, não podemos soltá-los, executam uma espécie de encantamento. Nunca é apenas um elemento que nos captura em um texto, mas é muito provável que, se você tem dezoito anos, seus pais estão de férias, sua irmã organizou uma festa clandestina em casa e você quer descer para dançar, mas não consegue fugir do romance que está lendo, esse livro conte uma boa história. Foi o que aconteceu comigo com *Os demônios*, de Dostoiévski. Minha experiência de leitura foi tão intensa que ficou associada à festa que nunca existiu (desci tarde, às três da manhã, quando ninguém mais dançava e alguém tinha trazido — horror — um violão). Eu poderia fazer uma longa lista de romances que tiveram a mesma influência sobre mim: além de procedimentos engenhosos, frases memoráveis ou imagens das quais talvez eu não me lembre exatamente, com certeza nunca falharia em dizer algo do que cada um narra. Como leitores, valorizamos as histórias que nos acompanharam, que se fundiram em nós e enriqueceram com seus devaneios os nossos, fazem parte da nossa alma, da vida do nosso espírito.

No entanto, há escritores que declaram não estar interessados em contar uma história. Sei disso porque, às vezes, os jovens que os leram vêm às minhas oficinas e adotam a mesma posição. Querem desenvolver ideias, teorias, renovar as formas, fazer experimentos. Querem, enfim, fazer algo diferente.[11]

O desejo de fazer algo novo é compreensível, eu diria que é quase um dever de alguém que está começando a escrever, em especial se estiver planejando um romance. Ninguém quer recontar o que alguém já contou (melhor), e é verdade que há um repertório finito de situações narrativas da experiência humana (mas só se o reduzirmos a isto: a um esquema, a "situações"). Ao mesmo tempo, desde *Dom Quixote* até os dias atuais, o romance é a forma literária mais livre, sempre encontra maneiras de se renovar, mesmo que sua morte seja decretada a torto e a direito. Os temas e as formas de vê-los mudam, a poética e os procedimentos mudam, mas ainda não encontrei um bom romance que consiga se livrar completamente da obrigação de narrar. Por mais fantástico, realista ou metadiscursivo que seja, todo bom romance conta uma história. Então, por que a resistência em começar por aí?

Contar uma história sempre parece pouco. Houve um tempo em que eu também relutava em aceitar esse princípio modesto. Tinha 26 anos e escrevia todos os dias, embora trabalhasse muitas horas em um escritório. No meu computador havia uma infinidade de fragmentos, alguns contos acabados, notas e textos que não se decidiam por nenhum gênero e um enorme arquivo de ideias e registros de leituras que eu chamava de "diário", mas não passava disso. Depois de anos de escrita desordenada, com muito esforço eu tinha terminado de escrever uma novela e estava escrevendo outra, que era muito mais "experimental". Isso foi no final dos anos 1990, década em que tentaram nos convencer de que a tarefa de contar estava morta, assim como muitas outras coisas. Eu escrevia sem parar, mas também com muita insegurança. Acumulava páginas, cenas, passagens: o romance crescia, mas parecia não ir a lugar nenhum. Os autores posteriores ao *boom* há muito haviam chutado o balde e escreviam metaficções em que a história ocupava um lugar menor. Se alguns filósofos previram o fim da história, o que restava para a literatura senão plágio, citação, pastiche, paródia? Tínhamos de nos conformar, diziam-nos, com esses procedimentos, que eram estudados na faculdade como parte de um destino que parecia inescapável: o de ser pós-modernos.

Embora tenha sabido muitos anos depois, fui curada da pós-modernidade no deserto do Texas, onde cheguei em

2003 com uma bolsa de estudos para estudar escrita criativa na Universidade de El Paso. Eu tinha certeza de que, libertando-me do trabalho assalariado, seria capaz de dar forma ao meu romance "experimental". Pensando nisso, me inscrevi na primeira oficina de ficção que fiz na vida. O semestre era ministrado pelo escritor mexicano Luis Arturo Ramos, que tinha um talento único para ensinar. Não intervinha muito nos textos dos alunos, mas sempre o fazia muito acertadamente. Podia ser terrível. Aprendi muitas coisas com ele, sobretudo a perguntar. Interrogar o próprio texto é algo que fazemos quando escrevemos, sem nos dar conta. Luis Arturo fazia desse hábito seu método de ensino. Em suas perguntas, antecipava problemas, apontava possibilidades imprevistas, esclarecia nossas próprias ideias para cada um de nós. Na primeira aula, não falou muito: apresentou a lista de livros que íamos ler, falou um pouco de sua visão do ofício e nos deu a primeira e única instrução que ouvi dele em três anos: que voltássemos na semana seguinte com três linhas, apenas três linhas, que resumissem a história que queríamos contar em nossos romances.

No dia seguinte, me bastaram três tentativas fracassadas de resolver esse pedido para perceber que o romance que eu estava escrevendo não contava nenhuma história. Era apenas uma coleção de situações engenhosas, e essa era uma das razões pelas quais crescia sem estrutura e sem fim. Me desesperei. Nem louca que eu iria à oficina confessar isso. Então abri meu diário e procurei um episódio que eu tinha ouvido uma amiga contar alguns meses atrás e que eu tinha achado fascinante, para tentar escrevê-lo. Eu o havia registrado assim: "Uma garota descobre na casa de uma mulher uma escultura que ela reconhece como a que seu pai costumava dar a todas as suas amantes." Uma única linha. Às vezes, é tudo de que se necessita para começar a escrever um romance.

Acrescentei mais dois elementos a essa história "real": que o pai — o artista plástico que fez aquelas esculturas — já estava morto e que a protagonista o conhecera pouco, apenas pelo relato da mãe. Escrevi o resumo para a aula e ainda tinha espaço mais do que suficiente para dizer que, com base no testemunho da dona da casa, a menina resolvia procurar outras mulheres que tivessem a mesma estatueta para recuperar a memória do pai.

Essa história foi a origem da *Arte menor*, o livro que escrevi durante aquele curso. Pouco depois de me formar, com o caminho aplainado por aquela segunda lição de humildade, terminei de escrever o romance no qual havia trabalhado tanto sem perceber que ainda não havia encontrado seu coração narrativo.

Todo romance tem um centro radiante que o organiza. Eu chamo isso de história central. Você não precisa tê-lo completo na cabeça para começar a escrever (na verdade, isso iria contra nossa necessidade de sonhar), mas precisa pelo menos ter aquele pequeno motivo narrativo que guie sua escrita. É um começo muito mais seguro do que outros. Claro, não é o único. Haverá tantos quantos são os escritores. Mas ter clareza sobre o nó de emoções e ações que dá vida ao seu relato permite que você faça todos os experimentos que quiser sem se perder pelo caminho, encontrando a alegria da forma no final. Ou seja, certificar-se de ter escrito um romance.[12]

O PODER DA IMAGINAÇÃO

Nem todas as histórias são iguais. Há algumas que nos capturam e nos obrigam a parar o que estamos fazendo para descobrir quem, como, quando, por quê. Outras, pelo contrário, ouvimos de forma tímida, sem que nos envolvam. Não estou falando de livros, ainda. Falo das histórias que se tecem ao nosso redor todos os dias: na rua, na família, nos jornais, no cinema. Um vizinho se aproxima de nós na calçada para nos contar algo que aconteceu, uma fofoca ou um boato. Rimos, nos preocupamos ou compartilhamos alguma cumplicidade com ele, mas na maioria das vezes esquecemos o assunto na mesma hora e continuamos com nossas coisas.

Há uma diferença entre uma boa anedota e uma boa história. Elas não acendem a mesma faísca.

A anedota é um gênero de oralidade. Esgota-se em sua performance, no riso ou lamento partilhado, na moral que muitas vezes é antecipada como remate. O humor costuma ser sua melhor desculpa. Para que uma anedota cotidiana produza a centelha da história, ela deve ser trabalhada a partir de outro lugar, é preciso arrancá-la do conforto do intercâmbio verbal, sobretudo despojá-la de seus "efeitos".

A anedota, se é boa para ser compartilhada em uma reunião, é sempre de efeito: é um texto fechado em si mesmo, que fornece sua própria interpretação. Não é, ao contrário do que pareceria, o germe "ideal" para uma história. O que estou tentando dizer é que a história oral (seja uma anedota, uma fofoca ou uma lenda urbana) já é um texto completo, com suas convenções, e como tal, se a transpusermos para a linguagem escrita, ela perde a graça. Só há uma oportunidade para contar um segredo: só uma. Uma vez que soltamos a anedota na aventura verbal, ela perde o interesse. Sua única razão de ser era esse segredo. Escrevê-la depois de tê-la contado significa alterá-la ou fracassar.

Então, como escrever a partir de nossas experiências? Por que escolhemos contar essa história e não outra, e qual o papel da imaginação nessa escolha (que já é "escritura")? Muitas vezes, em minhas oficinas, vi como um episódio da vida pessoal que a autora de uma história achava engraçado, terrível ou importante esbarrava com a impossibilidade de produzir esses "efeitos" na página. Esse choque acontece por duas razões.

A primeira é que não se escreve ficção para produzir determinado "efeito"; a ficção é sempre, antes, uma busca para a própria autora, e pede para ser escrita a partir da mais absoluta ignorância de seus "efeitos". Nisso, é o oposto de uma "anedota" da oralidade. O que minha amiga me contou de passagem sobre a vida de um artista virou um romance porque não era uma anedota completa, nem mesmo era uma história ainda. Era apenas um germe narrativo (mas muito poderoso). Poderoso *porque ainda não tinha sido contado*. Ou seja, o boato equilibrava muito bem a precisão de certos detalhes (uma escultura, muitas mulheres, um homem) com a absoluta ignorância de outros. Por que a mesma escultura para todas? Era uma "marca" daquele homem, um presente que, na verdade, era quase um insulto, uma forma de classificar as mulheres como parte de uma coleção? Ou havia algo de amoroso nesse ato? Como a filha sabia? Onde ela havia visto aquela escultura antes? Na casa dela, quando menina? Ela sabia, então, que seu pai tinha amantes? E o mais importante: quem era esse homem?

Sei que estou lidando com uma boa ideia para um romance se ele gerar uma série emocionante de perguntas. Uma história que gera questões é uma história que implora para ser escrita. Escrevê-la é tentar responder a essas perguntas e, ao longo do caminho, chegar a novas questões, porque a ficção é sempre uma forma de questionar a experiência e seu significado. Uma história em que tudo já foi dito não pede nada. Reconheço uma boa história quando sinto essa curiosidade, esse desejo de saber que me obriga a levá-la para o território da minha imaginação.

A segunda razão pela qual às vezes é difícil escrever ficção com base em uma experiência pessoal é mais complexa e tem a ver com outra encarnação do medo da imaginação. Trata-se da recusa em deixar de lado "os fatos" sobre os quais se tenta trabalhar e se lançar na invenção. Essa dificuldade é a que mais me custa acompanhar em meus alunos, porque não tenho tanta experiência nesse trabalho com autobiografia, minha história pessoal me interessa pouco. Acredito que essa recusa em inventar está no centro de vários mal-entendidos contemporâneos sobre a ficção escrita. Em toda parte, o eu como garantia de sentido, sua necessidade de "ser dito", de deixar sua marca, sua impossibilidade de fugir de cena para que a história ganhe em possibilidades. Sobre essa preeminência do eu, encontrei recentemente uma brilhante reflexão de Katherine Mansfield escondida em uma resenha de um romance de Mary Olivier.

Para Mansfield, o romance de Olivier parecia carecer de uma arquitetura ampla, de um olhar abrangente sobre a história e os personagens; ela o julgou como uma coleção de cenas sobre um eu que nem parecia tê-las protagonizado. Mansfield diz que um romance assim é como um texto que, ao contar o episódio do Dilúvio, se concentrasse em representar cada um dos animais da Arca, com a ideia de diferenciá-los uns dos outros em detalhes, mas dispensasse a inundação, o céu, o arco-íris, Noé e todo o resto. Ou seja, não há uma paisagem esclarecedora e unificadora dessas vidas. Se esse é o novo romance, pergunta Mansfield, o que impede todo mundo de se tornar escritor?

Para que, então, os escritores deveriam existir, se sua tarefa fosse apenas a descrição minuciosa de uma coisa grande ou pequena? Se esse fosse o único propósito da literatura, por que não deixar que cada homem, mulher e criança escreva sua autobiografia e nos dê material de leitura por séculos? Em suma, não é difícil. Não há pontes para construir nem riscos a correr.[13]

Palavras muito afiadas, que parecem premonitórias do privilégio que hoje se dá ao autobiográfico.

Não lemos romances porque se assemelham à vida: nós os lemos justo porque não se parecem. A vida está cheia de tempos mortos, é uma coleção de cenas. O romance, não. Acima de tudo, a vida carece de sentido, e esse é um dos presentes que a literatura nos oferece: pegar algo pequeno da experiência humana e conectá-lo com algo maior, torná-lo completo e cheio de significados. Querer escrever uma história "tal como aconteceu", insistir em certos detalhes, personagens, episódios, é ignorar as possibilidades que a forma literária nos dá. Escrever ficção é contar uma história, mas a história não nos é dada em sua totalidade quando começamos a escrever. Pelo contrário: escrever é encontrá-la, faz parte da aventura textual, da paixão com que se entrega a um trabalho que tem muito de pesquisa e de surpresa para si mesma. É preciso saber se livrar de alguns detalhes que atrapalham a escrita e ficar apenas com sua matriz narrativa. O resto é trabalho da imaginação.

Mas como falar da imaginação, de seu trabalho? Como transmitir "seu saber"? À primeira vista, parece impossível. Só a imagem fala da imagem. Eu, pelo menos, não quero questionar muito a origem profunda de meus devaneios. Imaginar é um ato tão íntimo quanto incomunicável, porque o brincar e a fantasia são as vivências mais sérias do nosso eu, sua verdadeira textura (não os traumas da "história pessoal", não os sonhos noturnos em que somos seres passivos e sofredores). "Para entrar nos tempos fabulosos, é preciso ser sério como uma criança sonhadora", diz Bachelard.[14] A imaginação é, em primeiro lugar, uma questão de fé. Devemos acreditar firmemente em nossas invenções — como uma criança faz — para ser capaz de escrevê-las.

"Fazer crer, fazer ver", verbos da imaginação, de um poder que parece mágico. Não estou falando da velha noção de verossímil. Isso vem muito mais tarde no texto e me parece a menos útil das noções para quem escreve, porque cada texto cria sua própria linguagem e sua própria "simulação da verdade". Estou falando do salto para o vazio, da vertigem de inventar algo que não se sabe ao certo de onde vem, que transcende o eu e suas penúrias. Ao inventar, tem-se a sensação de entrar em um reino autônomo, de estabelecer comunicação com um lugar antigo e sagrado que não lhe pertence.

"Tudo o que não é fantasia, devaneio, vigília ou inconfessável não vale a pena ser vivido", me disse certa vez um de meus professores. O que nós, escritoras de ficção, fazemos se assemelha a uma transgressão, uma tentativa de contar o que não pode (ou não deveria) ser contado, de insistir em seu valor. Escrever ficção é uma afirmação dessa autonomia, uma reivindicação do direito à imaginação em uma sociedade que continua a sustentar que só a "realidade" (os fatos e seu prestígio) são dignos de ser narrados.

O trabalho da imaginação é o componente intransferível da escrita literária, aquilo que não pode ser ensinado, que não se aprende em uma oficina. Embora parte desse jogo possa ser recuperado olhando atentamente para os textos já escritos e reconstruindo seu nascimento.

HISTÓRIA DE UMA IDEIA

Mesmo quando o que conta é baseado em fatos, o estilo de uma escritora de ficção começa no olhar, na tarefa de interpelar o que vê, de ir além do eu. Ou melhor: deixar que o eu se expresse apenas no recorte que faz do mundo, do que é "narrável" para aquela autora em particular.

Essa tarefa, há alguns anos, tomou a forma de um hábito para mim: comecei a colecionar notícias que me chamavam a atenção, que despertavam minha curiosidade. A mídia é uma fonte inesgotável de boas histórias, como Hawthorne, Capote, Jack London, Atwood e muitos outros escritores que escreveram histórias baseadas em notícias já provaram. Em 2008, em um portal na internet, encontrei esta. Soube logo que era uma boa história para um romance:

UM JAPONÊS DESCOBRE QUE HAVIA UMA MULHER MORANDO EM SEU ARMÁRIO FAZIA UM ANO.

O HOMEM NOTOU QUE ESTAVA FALTANDO ALGO DE SUA GELADEIRA E INSTALOU UMA CÂMERA DE SEGURANÇA, QUE GRAVOU A MULHER PASSEANDO POR SUA CASA.

A MULHER "NÃO TINHA ONDE MORAR", CONFORME DISSE À POLÍCIA.

AS AUTORIDADES ACREDITAM QUE ELA PODE TER MAIS ESCONDERIJOS EM OUTRAS CASAS.

O que um jornalista faria com essa notícia? Entrevistaria o homem e a mulher, procuraria estatísticas sobre as pessoas que vivem nas ruas no Japão, seguiria o julgamento da mulher, talvez até tentasse imaginar e recriar cenas dela vivendo no armário. Tudo isso não nos leva além dos dados já trazidos pela notícia que, no máximo, se aprofundam na investigação. Por meio desse processo de investigação, o jornalista daria conta da história de vida daquela mulher na rua e poderia confrontá-la com a do dono da casa e seu lugar privilegiado na pirâmide socioeconômica. Ao contar essa história que aconteceu no Japão em 2008, a crônica poderia nos fazer refletir, por exemplo, sobre a sociedade industrial e suas desigualdades. As perguntas que movem o cronista são interessantes e pertinentes. Elas podem ser resumidas em por que e como isso acontece, quem é o responsável por essa desigualdade de forças, que noção de justiça social estamos vivendo. A crônica produz, então, um texto que responde a essas perguntas, que nos conta e nos explica os porquês e comos por trás daquela história, acompanhando de perto os protagonistas.

Outra coisa aconteceu comigo. A notícia me surpreendeu. Não o fato — óbvio — que mostra a desigualdade, a crueldade de nossas sociedades, sua incapacidade de lidar com os carentes. O que eu queria saber é com que homem isso acontece e por quê. Um ano: aquela mulher morou naquele armário por um ano sem que ele percebesse.

Assim que li a manchete e a salvei em meu arquivo, senti a vertigem da curiosidade, a série encadeada de perguntas e possibilidades, a necessidade de saber que é o primeiro indício da imaginação atuando, apropriando-se do "fato". Passei anos sonhando com essa ideia, principalmente com seu protagonista, porque estava claro para mim que a história a ser contada era a do dono da casa. A história da mulher já estava contada: ela tinha frio, morava na rua, viu uma oportunidade e aproveitou, não tem nada de misterioso nisso. Por outro lado, ele era absolutamente insondável para mim. Quem seria, como viveria aquele homem? Pensei muito nisso. Também no sentimento de invasão, de violação da intimidade que deve ser produzido pelo fato de descobrir uma estranha morando em sua casa.

Levei um ano e meio para começar a escrever algo com aquela notícia e só consegui depois daquele longo período de devaneio, em que me concentrei naquela emoção, no sentimento de vulnerabilidade. Tornei esse homem solitário, rotineiro, fácil de prever e doente também, o que exacerbou seu sentimento de fragilidade. Assim nasceu Vik, um dos protagonistas de *América alucinada*.[15] E à medida que me aprofundava nesse sentimento, a ideia da vítima que aparece tão claramente nos noticiários — a mulher na rua — se complicou. Agora as forças entre ele e ela estavam equilibradas. Quem era o poderoso e o fraco nessa história?

Já nos primeiros parágrafos, tomei uma decisão fundamental: livrar-me do Japão. Eu não precisava dele. Isso me levou a renunciar a um certo tipo de realismo, algo que eu já havia tentado em meu livro anterior. Decidi ambientar a história em uma cidade fictícia em pleno declínio econômico, uma cidade em que, além disso, havia mais cervos do que pessoas. Parecia muito com o lugar nos Estados Unidos onde eu morava. Há muito tempo eu queria escrever algo que contasse a estranheza que aquele lugar, aquele país, produzia em mim. Sem pensar muito nisso, como parte de meu devaneio, Vik apareceu naturalmente naquele cenário. Só então, ao conectá-lo com um ambiente diferente do da notícia, a história que iria acontecer com ele terminou de ser montada.

É um trabalho imenso criar uma cidade fictícia, mas vale a pena porque também lhe dá muita liberdade. Tudo pode acontecer em uma cidade fictícia. Talvez por isso, à medida que avançava na escrita, percebi que não era interessante retratar aquela mulher como vítima. Essa era uma perspectiva fácil, a mesma que a imprensa havia seguido. Então, eu me fiz uma pergunta perturbadora. E se aquela mulher não fosse uma mulher da rua e estivesse morando naquele armário por outros motivos? Quais seriam esses motivos?

Esse tipo de pergunta marca o momento deslumbrante e perturbador da invenção. É o salto que toda escritora de ficção deveria dar: deixar para trás a "realidade" para inventar outra. É tarefa da romancista, a viagem em que embarca e na qual a leitora deve estar disposta a acompanhar o texto, a deixar--se levar e inquietar por suas perguntas; saltar para o vazio da possibilidade junto com a autora — um vazio que nem por isso se opõe à realidade, muito pelo contrário: ela a ilumina com uma luz diferente, a abala, a desordena e, portanto, também a compõe e nos devolve outra. Isso é o oposto da tarefa da crônica (e de um certo realismo literário), que sempre nos devolve a mesma realidade. Escrever ficção é o oposto de explicar. É aceitar e desfrutar a incerteza produzida pela própria realidade quando ela é vista através dessa síntese de elementos díspares, até mesmo disparatados, que é a literatura de ficção.

Foi um longo processo de empatia criar aquele homem e aquela mulher. Como forças opostas, são o centro radiante do romance. Eles o movem, fazem-no avançar em uma trama que foi se tornando mais complexa a partir do cenário que imaginei para eles. O devaneio do lugar e sua atmosfera foram tão poderosos que, pouco a pouco, foram criando por si mesmo uma história maior. Só consegui contá-la quando imaginei mais duas personagens, centrais naquela trama, Berenice e Miss Beryl. Através desses quatro personagens, a história foi também a de toda a cidade, talvez também a de um país e de um continente, e por isso demorei tanto para chegar ao título daquele romance, que só apareceu depois de seis anos de trabalho, quando já estava terminado.

Pensar no nascimento de um texto — e, se me detenho em um dos meus, é porque posso reconstruir sua origem — nos ajuda a entender como funciona a ficção, de que modo ela é capaz de produzir o que chamamos de "o novo", o que não existe ou não existia antes daquela história. Pôr uma história em contato com outros elementos, com cenários ou personagens fora de seu contexto, modificá-la no processo, apropriar-se dela, reescrevê-la é o trabalho de síntese que a ficção realiza. Ao partir de uma história "real", de uma notícia, acho que esse exemplo fica ainda mais claro. Não fazia sentido para mim reproduzir a crônica dos acontecimentos tal como as notícias me davam. É para isso que serve o jornalismo, com sua ânsia de reconstruir, entender e explicar. Acho que a ficção tem de fazer mais, ou, pelo menos, tem de fazer outra coisa. No mínimo, não deve contentar-se em reproduzir um registro que já existe, um modo de narrar e olhar para a realidade a que estamos habituados. Fazer algo diferente, fazer "outra coisa" é o trabalho da imaginação. A forma como cada escritora a exerce é seu estilo pessoal, em que tanto um modo de escrever como um modo de pensar, de ver, são evidentes.

Arlt, Faulkner, Carson McCullers[16] escreveram textos que a crítica enquadra dentro do realismo e, no entanto, são textos alucinados, arrancados de seus devaneios, absolutamente incomparáveis entre si. Mesmo a ficção que se diz realista trabalha com a imaginação, fazendo um movimento de negação do mundo para imaginar outro. É algo óbvio, mas precisa ser enfatizado. O problema de um certo realismo da "mediocridade", como chamou Roberto Arlt,[17] é um problema de cegueira. Confunde literatura com mero registro, não enxerga além de um recorte empobrecido da vida. Um texto que se postula como mera cópia do real parece-me pobre em ambições e em sua concepção de literatura. Pelo menos eu, como leitora, não me contento com a leitura complacente da "vida como ela é." Quero ler a vida como ela poderia ser.

Se a literatura fosse apenas mimese, jamais teríamos a possibilidade de imaginar presentes alternativos. O conceito de utopia — ou distopia, no caso — não existiria. Será que a desconfiança contemporânea em relação à ficção mostra um esgotamento da nossa capacidade de imaginar um mundo diferente? Espero que não.

EPÍLOGO

Pensar que imaginação equivale a evasão não é apenas simplista, é falso. Sem imaginação, a vida seria impossível. Não no sentido artístico, mas no sentido prático: precisamos da imaginação para aprender qualquer habilidade física ou mental, para nos apaixonarmos, para nos protegermos dos mil e um perigos da vida cotidiana. Comportar-se em sociedade implica estar constantemente pensando e descartando possibilidades. Nisso, a imaginação pode ter um componente demoníaco: a partir de cálculos saudáveis, podemos facilmente saltar para a paranoia e as fobias, para a alucinação, podemos nos tornar prisioneiros de uma imaginação desenfreada, das criaturas que vêm com ela.

Por exemplo, agora, no momento em que escrevo estas linhas, se requer muito da minha imaginação. Estamos em junho de 2020, e estou trancada em casa. Sou uma das milhões de pessoas confinadas pela pandemia de covid-19. Exige muito de nossa sensibilidade aceitar esse modo de proteção da saúde que restringe nossa liberdade. Pedem-nos que acreditemos em um vírus, que o imaginemos, que tenhamos medo dele. E fazemos isso. Tão bem que, a partir de uma partícula invisível, disparam todos os alarmes de possibilidade. Alguns estão paralisados de medo, outros se sentem invencíveis. Há quem invente conspirações, culpados, teorias. Em tudo isso, é nossa imaginação que está no comando da história.

Por outro lado, a web está saturada de "fatos reais": diários de confinamento que contam sempre a mesma história, inúmeros artigos sobre o heroísmo de médicos e enfermeiros, estatísticas, mortes, enterros à distância. Estamos rodeados por uma paisagem desoladora a que apenas alguns têm acesso, os que estão fora, os doentes ou os que trabalham para curá-los. Aqueles de nós que estão presos só podem compreendê-la em nossa capacidade de imaginá-la. A textura dessa nova realidade chega ainda mais mediada que antes e satura nossa imaginação também. Pela primeira vez, para muitos, a tarefa de imaginar o apocalipse coincide com a de contar o que está acontecendo. Está aqui, já chegou. O que vai acontecer a seguir? É um momento único na vida (humana) do planeta: o momento da incerteza absoluta. Exigimos mais dados, mais fatos; porém, mesmo que os tivéssemos, não conseguiríamos digeri-los. Cientistas e políticos enfatizam que não os têm, não podem assegurar ou prometer nada: ninguém sabe o que vai acontecer. O futuro é apenas imaginário (sempre foi, mas agora essa certeza é incontestável). Finalmente chegamos a um ponto da história em que só há incerteza: a ficção ganhou terreno sobre os fatos e põe em evidência nosso medo, nossa incapacidade de pensar um mundo que não seja sempre igual, a inconsistência de nossas realidades, do que costumávamos chamar de "nossas vidas". Em suma, a insuficiência do "relato dos acontecimentos".

Talvez seja por isso que jornalistas de todo o mundo comparem essa situação à de um romance de ficção científica. Parece inventada, mas é real. Ou é real porque primeiro foi inventada? O mundo é tão real quanto o imaginamos, mas confiar na imaginação não é nosso forte. Por isso, este é um momento-chave para o surgimento de novas ficções, relatos de mundos diferentes, visões diferentes sobre "o mesmo". Precisamos deles. Temos de confiar em nossa coragem para inventá-los.

"Inventar" é um verbo que, supõe-se, a crônica proíbe: está reservado a artistas e cientistas. Ao inventar, algo vem de dentro de nós e captura nossa inteligência, se impõe, quer ser dado à realidade. Inventar é encontrar algo que não sabíamos que tínhamos. Como se a própria mente fosse um território inexplorado, um mundo a ser descoberto. Percorrê-lo é encontrar tesouros, fantasmas, paisagens e habitantes de nossa intimidade que nem conhecemos. Ao inventar, nós os damos à luz, primeiro à vida do devaneio e depois à das palavras.

Uma invenção é sempre algo novo, uma fabricação que acrescenta algo ao mundo a partir de um substrato tão imaterial e volátil quanto uma ideia. Escrever ficção é criar algo distinto a partir de materiais que ninguém havia conectado dessa forma antes, encontrar pontos de contato entre uma história e um ambiente ou outras histórias que aparentemente não têm nada em comum, construir pontes que não existiam antes, expandir mundos, inventá-los.

Não acho que nós, escritores, devamos renunciar a esse verbo, a essa tarefa que compartilhamos com os cientistas. Muito menos que tenhamos de nos contentar em copiar o que já existe. O que nossa imaginação deve à vida que vivemos todos os dias? Quase nada. Imaginamos a partir de alguns estímulos, sim, mas o resto é todo nosso, pura invenção. Nesse território desconhecido que é nosso interior, tudo ainda está por fazer. As narrativas que provêm da pura imaginação, dessa esfera quase autônoma e desconhecida, são as que deslumbram nossa inteligência e nossa sensibilidade, as que permitem que o novo seja sequer pensável. Não me ocorre nada mais sério ou político do que isso.

Ao ler ficção, aceitamos fazer parte do jogo das possibilidades. Se fechamos um livro e ficamos com perguntas sobre o mundo, a tarefa está completa. Toda boa literatura começa com uma pergunta e chega a outras. É isto que nos deslumbra na ficção: as perguntas que irradiam da luz de uma história *possível*.

Como homenagem a alguns dos livros que me fizeram (inteligentemente) feliz ao longo da vida, quero encerrar este texto com as perguntas que brilham neles. Basta enunciá-las para entendermos o poder da história e da invenção na ficção e por que continuamos a ler e escrever romances:

O que teria acontecido se os alemães e japoneses tivessem vencido a Segunda Guerra Mundial?

Por que uma mulher se casaria com um corcunda que não a ama?

Como uma morta falaria, se pudesse?

E se em algum lugar do mundo houver uma criança que nunca cresce?

[1] Gaston Bachelard, *La poética de la ensoñación*, México: FCE, 2019. [Ed. bras.: *A poética do devaneio*, trad. Pádua Danesi, São Paulo: Martins Fontes, 2018.]

[2] Betina González, *El amor es una catástrofe natural*, Buenos Aires: Tusquets, 2018.

[3] Idem.

[4] Idem.

[5] Betina González, *Arte menor*, Buenos Aires: Clarín-Alfaguara, 2006.

[6] Ricardo Piglia, *Crítica y ficción*, Barcelona: Anagrama, 1986.

[7] Juan José Saer, *El concepto de ficción*, Buenos Aires: Seix Barral, 2014. [Ed. bras.: *O conceito de ficção*, trad. Lucas Lazzaretti, Rio de Janeiro: 7Letras, 2022.]

[8] Ursula K. Le Guin, *The Wave in the Mind: Talks and Essays on the Writer, the Reader and the Imagination*, Boston: Shambhala, 2004.

[9] O problema, claro, é que há livros que buscam apenas entreter, mas a literatura sempre sabe se diferenciar deles. De Katherine Mansfield a Roberto Bolaño, há ensaios muito eloquentes que testemunham a tentativa de escritores de todas as épocas de travar uma batalha contra o mero entretenimento. A nossa talvez seja uma das mais complexas, pois não só é cada vez mais difícil que a literatura seja percebida e diferenciada como tal, como é cada vez mais esperado que nós escritoras nos tornemos *performers*, líderes de torcida. O pânico diante dessa exigência é compreensível, mas isso não justifica tornarmo-nos solenes. Por outro lado, o desejo de fugir da realidade entrando na realidade de um livro me parece muito legítimo. (N.A.)

[10] Joseph Conrad, prefácio a *El negro del Narcissus*, Madri: Alianza, 2008.

[11] Em consonância com a discussão mais persistente de nossa literatura, há muito tempo, Ricardo Piglia teorizou em uma dicotomia – realismo *vs.* vanguarda – a tentativa de todo escritor iniciante de produzir o novo. Acredito que o universo textual em que vivemos está se tornando cada vez mais complexo para ser reduzido apenas a esses dois gestos.

[12] César Aira tem passagens muito engraçadas sobre o lugar da história em um romance. Embora tenha um senso de humor melhor do que Piglia, ele ainda pensa dentro da dicotomia realismo *vs.* vanguarda. Primeiro, fala com desdém de qualquer romance cuja trama possa ser reduzida a duas linhas para ser vendida a um agente como um assunto de "interesse geral", argumentando que Kafka nunca poderia ter vendido *A metamorfose* dessa maneira. Alguns parágrafos depois, Aira aprofunda sua posição e confessa: "Lendo romances policiais bons, emocionantes... Eu me pergunto por que não escrevo assim. Que razão há para escrever esses vanguardismos que escrevo? Houve um tempo em que eu acreditava que havia razões histórico-políticas, de luta contra as velhas estruturas repressivas etc. Agora não posso deixar de rir... Mesmo aceitando que novas formas de literatura refletem ou antecipam novas formas de pensar, ainda acho no fundo que, pelo menos para mim, não escrevo romances convencionais porque não quero trabalhar e, talvez, com certeza, porque não poderia fazê-lo." [Cf. César Aira, *Continuación de ideas diversas*, Santiago de Chile: Ediciones Universidad Diego Portales, 2014. Ed. bras.: *Continuação de ideias diversas*, trad. Joca Wolff, São Paulo: Papéis Selvagens, 2017.]

[13] Katherine Mansfield, *The Critical Writings of Katherine Mansfield*, org. Claire Hanson, Nova York: Macmillan, 1987.

[14] Gaston Bachelard, op. cit.

[15] Betina González, *América alucinada*, Buenos Aires: Tusquets, 2017.

[16] Carson McCullers (1917-1967) foi uma escritora estadunidense. Entre seus livros mais famosos, estão *O coração é um caçador solitário* (trad. Rosaura Eincheberg, São Paulo: Carambaia, 2022) e *Reflexos num olho dourado* (trad. Sônia Coutinho, São Paulo: José Olympio, 2010), entre outros. (N.E.)

[17] Em várias águas-fortes que escreveu para o jornal *El Mundo* e em sua típica linguagem beligerante, Arlt reclamava de romances "sem aventura" (aventuras, aliás, para ele, eram as da ciência e da invenção) e de certo realismo que produzia "galerias de retratos" escritos a partir de uma linguagem plana, cheia de lugares-comuns, de "mediocridade". [Cf. Roberto Arlt, "Aventura sin novela y novela sin aventura" e "Necesidad de un 'Diccionario de lugares comunes'", in *Aguafuertes porteñas: cultura y política*, Buenos Aires: Losada, 2019.] Em outra época e em outro tom, Oscar Wilde distinguia entre os realismos de Zola e Balzac. Achava que o primeiro se baseava na mera cópia, o segundo lhe parecia criador de vida. [Cf. Oscar Wilde, "La decadencia de la mentira", in *Ensayos y diálogos*, Madri: Hyspamérica, 1985.]

Ritmo e narrativa: um olhar a partir de duas tradições

TENSÕES

Para quem sabe senti-lo, o mundo está cheio de ritmo: o das estações, que pautam a vida, assim como o dia e a noite. Há ritmo nas águas, nos incêndios, na vida dos animais — ligados como nunca seremos ao ciclo de cuidados, brincadeiras, crescimento, alimentação. Sabemos também do ritmo dos planetas, que orbitam sua regularidade ou seu capricho para além de nosso desespero. Mesmo as doenças têm ritmos, alguns dos quais são previsíveis em modelos matemáticos. E, claro, há os ritmos de nosso corpo, a começar pelos batimentos cardíacos, que às vezes, à noite, com a orelha colada ao travesseiro e a mente à espera do sono, produz verdadeiro temor.

A essa organização da vida e às possíveis variantes de uma ocorrência remete a primeira definição da palavra ("ritmo: ordem compassada na sucessão ou ocorrência das coisas"). É uma das tarefas da literatura captar essa ordem: fazer a linguagem entrar no ritmo das coisas, que é ao mesmo tempo uma forma de narrar além da escala humana, de contar a história do mundo.

Os altos e baixos da fortuna eram, para Aristóteles, o movimento particular que a vida humana adotava ao ser contada em tragédia. E, ao descrever o escudo de Aquiles, Werner Jaeger nos lembra que a epopeia grega apontava tanto para captar o ritmo das coisas como para o humano e o divino.[1] Por isso, continua esse autor, a forma épica se situa fora do realismo, é a única forma literária capaz de interpretar esses três ritmos, sobretudo aqueles dois que excedem e ao mesmo tempo são inevitavelmente tecidos (tramados) no humano.

Mas o ritmo nas coisas é muito antigo, e coube primeiro à música a tarefa de conjurá-lo. Refiro-me à música não apenas como uma tentativa de copiar as vozes da natureza, mas também como um conjuro de uma tristeza muito íntima, que é a ferida produzida pela linguagem articulada. Pascal Quignard[2] afirma que foi Palas Atena quem inventou a flauta, não como cópia sonora do mundo, mas como instrumento de caça.[3] Para a deusa, a música é uma forma de distração, uma harmonia (sonora) que detém a outra (corporal), a melodia que altera a marcha da presa e, ao despertar sua curiosidade ou medo, a cativa e a captura. A literatura não participa desse sortilégio, apesar de estar mortalmente ferida pela busca de sentido?

A linguagem articulada, em sua necessidade de significado, destrói essa curiosidade animal, diz Quignard. Acho que também destrói a possibilidade de viver ensimesmado no próprio ritmo, daí a saudade do paraíso da infância, que é o paraíso prévio à linguagem. Ouvir música é, então, para Quignard, uma forma de tentar ressuscitar a curiosidade animal, de nos afastar do sofrimento das palavras.

Do que se fala, então, quando se fala do "ritmo da linguagem"? Em um primeiro momento, pensamos entender que se trata de seu fluir, de seu movimento, do encadeamento de sons em uma frase na qual se tece, ao mesmo tempo, um sentido. Esse seria o segundo significado da palavra. A noção de ritmo se instala, então, já em tensão no centro da literatura, aquele lugar onde a linguagem gostaria de ser seu próprio árbitro, de libertar-se da tarefa de representar, de imitar, de ir em direção aos modos do mundo, e gostaria de ceder ao seu próprio. A poesia é a forma que melhor vive essa tensão: pinta sua própria paisagem.

Mas, enquanto a linguagem articulada supõe a ferida do sentido, um buraco ou vazio na plenitude do mundo natural, no caso da narrativa ela também abre a possibilidade de fixação. A língua é a música da memória que busca preservar a presença (o objeto) na ausência (a palavra). Assim, se pensarmos na tarefa do narrador, o ritmo da linguagem nos é apresentado como uma sujeição do tempo em palavras. O ritmo da narrativa consiste, antes de tudo, na tentativa de fixar um fluir — o contínuo temporal —, de capturar um evento e suas variantes — o que aconteceu, o que poderia acontecer, o que acontecerá —, ou seja, uma tarefa titânica. Assim, Paul Ricoeur[4] e outros autores consideram que é o trabalho com a temporalidade que constitui a verdadeira trama, a verdadeira ilusão da narrativa.

Se pensarmos nesse aspecto, podemos entender melhor que, na realidade, o ritmo não é algo fluido, é pura fixação, é aquilo que "mantém [o homem] em seus limites", característica que Jaeger recupera não da etimologia da palavra, mas de sua história no mundo grego, onde a noção de ritmo é quase espacial:

> Pensemos no Prometeu de Ésquilo que está preso, imóvel em sua rocha, com grilhões de ferro e diz: Estou acorrentado aqui, neste "ritmo"; ou em Xerxes, de quem Ésquilo diz ter acorrentado o fluxo do Helesponto e "dado outra forma (ritmo) ao curso da água", isto é, transformou-o em uma ponte e o sujeitou com laços firmes. O ritmo é aqui o que impõe firmeza e limites ao movimento e ao fluxo. Obviamente, quando os gregos falam do ritmo de um edifício ou de uma estátua, não se trata de uma transposição metafórica da linguagem

musical. E a intuição original que está na base da descoberta grega do ritmo, na dança e na música, não se refere à sua fluência, mas, pelo contrário, às suas pausas e à constante limitação do movimento.[5]

Pausas e limitação de movimento são, eu diria, os blocos sobre os quais a escritora de ficção constrói seu relato, se entendermos que o que flui por baixo é tanto a multiplicidade irrecuperável do acontecimento quanto a própria linguagem, que gostaria de se libertar de sua obrigação de representar. Ritmo é ordem, um limite imposto àquilo que, em princípio, parece não ter limite algum. Onde começa e onde termina a história de minha vida, esse *continuum*? Só consigo ordenar a vida na história graças a um ritmo imposto, a um limite, a uma trama que a sustenta. E essa trama é feita de frases, de cadências potencialmente infinitas. O ritmo, então, é aquilo que sujeita o tempo ao texto. Assim como Prometeu está imóvel em seu ritmo de correntes, o relato se ancora e respira em seu ritmo de palavras.

Que o texto narrativo tem ritmo próprio é algo que ninguém contestaria. No entanto, é uma noção difícil de explicar e, sobretudo, de ensinar. Pode-se facilmente apontar para um texto que carece de ritmo (ou melhor, um texto escrito no ritmo errado), mas é mais difícil desvendar o ritmo daqueles textos que nos cativam.

Levando em conta a complexidade que já habita o conceito, tentarei pensar em algumas ocorrências do ritmo em forma narrativa. Ou seja, interrogar alguns textos, entender o modo como eles expressam essa tensão entre o ritmo das coisas — o do acontecimento — e o ritmo da linguagem. Minha intenção não é chegar a uma teoria do ritmo, mas dar forma a algumas intuições, reler algumas autoras e alguns autores que me capturaram. Ler de outra maneira para distorcer minha percepção, interrogar, enfim, a maneira pela qual a captura de um ritmo do mundo se atualiza em um determinado ritmo de palavras a cada vez.

PRETEXTOS

Vou começar com uma ideia de Fitzgerald, um autor que deixou várias anotações sobre a escrita espalhadas em cartas e artigos de jornal. Em 1938, ele alerta a filha sobre a tendência de confiar demais nos adjetivos. Pelo contrário, a boa prosa, diz ele, é construída sobre os verbos que sustentam as frases, que as põem em movimento.[6] E acrescenta que, do ponto de vista técnico, o melhor poema escrito em inglês, para ele, é "A véspera de Santa Inês", de John Keats. Ele cita este verso como exemplo:

Tremendo, a lebre mancou pela grama congelada.

Fitzgerald diz que essa frase "é tão cheia de vida, que te arrasta junto com ela quase sem perceber. No entanto, colore todo o poema com seu movimento — o mancar, o tremor e o frio estão acontecendo diante de seus próprios olhos".[7] Lendo essa carta pela primeira vez, achei caprichoso que Fitzgerald escolhesse uma linha tão modesta em um poema que tem tantas outras boas passagens, mas então percebi que não era apenas domínio técnico que ele estava lendo. O verso é cheio de vida, ele nos diz: não está destacando a combinação de sons, mas o que a frase nos faz ver. Não é uma questão de (apenas) "ouvido". O que Fitzgerald está lendo é tanto o ritmo estrutural (a sintaxe) quanto o que ele torna visível. São inseparáveis.

No verso de Keats, o movimento da lebre desacelera para se tornar visível, adquire uma duração delicada, como se a frase criasse no trajeto espacial do animal alguns segundos a mais graças aos quais percebemos as ações de mancar e tremer ao mesmo tempo. Os dois verbos deveriam retardar o movimento daquele corpo na grama congelada, mas no poema a lebre cruza, veloz, a grama: ela nos arrasta.

Não há nada de "natural" no ritmo da frase, é puro artifício e, no entanto, sentimos que ela captura algo que parecia além de nossa percepção, um segredo do mundo, um ritmo minúsculo, mas não menos surpreendente por isso. Até uma lebre é da ordem do fantástico em um poema de Keats (há uma razão pela qual ele explicava assim sua diferença em relação a Byron: "Ele descreve o que vê; eu, o que imagino"). É o ritmo criado pelo verbo principal acompanhado de um gerúndio e uma preposição que produz esse efeito. Qualquer tradução para o espanhol tem de renunciar a esse ritmo, e é por isso que faz dessa lebre um mero animal atravessando a grama.

Pensei em algumas dessas coisas ao ler esta passagem de Fitzgerald e depois esqueci-me delas. Até que um dia, relendo *O livro dos seres imaginários*, deparei com a descrição que Borges faz da Hidra de Lerna:

> Essa serpente parecia destinada à eternidade. Seu covil estava nos pântanos de Lerna. Hércules e Iolaus a procuraram; o primeiro cortou suas cabeças, e o outro foi cauterizando as feridas sangrantes com uma tocha. A última cabeça, que era imortal, Hércules a enterrou sob uma grande pedra, e onde a enterraram agora estará, odiando e sonhando.[8]

Os dois gerúndios — que outro tipo de escritor poderia ter censurado — se destacam no final desse texto informativo. São como ondas concêntricas que desmentem as ações com que os heróis despacharam o monstro em uma única frase. Não é apenas um efeito de duração que produz essa construção; sentimos, mais uma vez, que um segredo, uma possibilidade do mundo foi captada. É o ritmo da divindade, que respira nessa frase com uma vibração própria: não vem primeiro o ódio e depois o sonho, o monstro está odiando e sonhando simultaneamente, seu ódio é seu sonho e seu sonho é seu ódio em um círculo perfeito, como se a cobra recuperasse sua condição como tal, apesar de ser só uma cabeça (e apesar de estar amarrada a um futuro conjectural). A serpente vive, espera, espreita. É imortal. Nós a vemos.

RITMO E NARRATIVA

Ao olhar mais de perto esses exemplos, percebo como a cadeia sonora é indissociável do que ela captura. Vemos neles como os ritmos da linguagem vão além da pulsão mimética: a captação rítmica não é uma cópia do que os sentidos percebem, mas uma forma de percepção em si mesma, uma revelação da linguagem como órgão de percepção. Compor na escrita não é copiar a realidade, mas intervir nela, apreender algo que passa sob os sentidos, algo da ordem do imaginário, também.

Mas quero voltar ao conselho de Fitzgerald de privilegiar verbos em detrimento de adjetivos, porque gostaria de pensar no ritmo de uma história como um organismo inteiro, para além da frase. Entender como escrevemos e como lemos narrativa. Sempre tive a sensação de que, ao escrever ficção, a história é montada no nível da frase, naquela espécie de velocidade cega em que uma construção sintática ou uma cadeia sonora demanda a que segue, em que uma palavra chama a outra. É no nível da frase, de dentro, como dizia Kafka, que se escreve um conto. Mas sua forma definitiva só é notada ao terminá-la, ou seja, na leitura. Só assim podemos perceber "as pausas e os limites" que a autora impôs ao movimento da história, do acontecimento que é sempre caótico e múltiplo. O trabalho com a temporalidade (a captação do acontecimento, a ordem particular em que ele é escrito) mostra o ritmo de um texto narrativo como um todo. E essa obra só é percebida em todas as suas dimensões se pensarmos em uma unidade maior do que a frase. Nesse sentido, a ideia de Stephen King de que a unidade básica da escrita é o parágrafo, não a frase, talvez mereça atenção. "É de onde vem a coerência e onde as palavras têm a oportunidade de ser mais do que meras palavras. A aceleração, supondo que em algum momento se produza, ocorrerá no nível do parágrafo. É um instrumento fantástico, flexível. Pode ter uma palavra ou durar várias páginas."[9] Para escrever bem, diz ele, é preciso aprender a usar muito bem esse instrumento. "O segredo é praticar muito. É preciso aprender a ouvir o ritmo."[10]

A cadência própria de um texto narrativo é dada por momentos de aceleração, de movimento, de avanço da história em contraponto a outras zonas em que o texto se detém, descansa, volta a se concentrar para seu próximo avanço. Ambos também podem ocorrer em uma única frase, mas é verdade que prestar atenção nos parágrafos revela muito sobre a construção de uma história. Os parágrafos são blocos, marcam rupturas e continuidades do fluir temporal que pode se acelerar ou se deter de acordo com a vontade de tramar, de intrigar a história para descobrir seu mistério.

O uso da descrição é o exemplo característico dos momentos de pausa em um texto. Descrever um objeto, um lugar, um personagem é encerrá-lo, limitá-lo, tentar esgotá-lo em suas características. A descrição sempre interrompe a ação, é um platô perigoso. Como aponta Hamon,[11] implica um luxo e um perigo: o de perder o leitor, mas também o de falhar na tentativa de contar e de que o texto dispare para o outro lado, se desintegre. Há certo exibicionismo nas passagens descritivas. É ali onde melhor se percebe o estilo da autora. Quando descrevemos, usamos imagens, metáforas, comparações, damos rédea solta ao conhecimento do léxico e das figuras de linguagem e corremos o risco de enterrar a história com ele, de "matar" seu ritmo.

Narrar, por outro lado, consiste em estabelecer uma série de conexões lógicas ou causais entre ações e eventos. É lá que a autora de ficção exerce sua principal magia, sua ilusão de captação rítmica. Se pensarmos em *O estrangeiro*,[12] de Camus, quantas relações lógicas e causais são desencadeadas a partir do fato, estabelecido no início do romance, de que o protagonista não chorou no funeral de sua mãe? Em "O perjúrio da neve",[13] que crime Oribe realmente comete quando entra na casa dos Vermehren? Cercar o evento, impor um limite a suas ramificações, investigar suas consequências como ondas na vida dos personagens faz parte da tarefa de narrar e é o que a torna nova a cada vez.

As vanguardas trabalharam muito a relação entre narração e descrição, tornando-a explícita. Em muitos casos, como em *Nadja*[14], de Breton, ou *As coisas*[15], de Perec, o texto nada mais é do que uma recusa em submeter os ritmos da linguagem aos da história. Recusar-se a narrar, fazer outra coisa com palavras, libertá-las da obrigação de coerência e causalidade foi o programa de vários desses textos. E ainda antes: Hamon cita Flaubert dizendo: "narrar, que tédio".

Mas a história não morre, a necessidade de ordenar o acontecimento reaparece repetidas vezes a cada geração de escritores. Se o ritmo é a "ordem compassada em que as coisas acontecem", a tarefa da escritora de ficção é criar uma ilusão de capturar essa ordem, ou melhor, a ilusão de sua existência. E na escrita a história parte da complexa teia de tempos subjetivos em que os personagens vivem. Algo acontece com alguém e precisa ser contado: essa urgência deve ser transferida para a página. Escrever ficção é fazer o tempo entrar em uma ordem própria, que, como sabemos, não precisa seguir a ordem cronológica. O que se conta primeiro e o que se conta depois? A ação é retardada ou acelerada? Onde o texto se demora? Quais áreas são rapidamente negligenciadas na sucessão de ações? Quando se suprime a voz narrativa e se deixa nas mãos dos personagens, o que deve ser dito?

Essa ideia de ritmo narrativo pode ser mais bem compreendida ao examinar mais de perto alguns parágrafos de um relato. Vou escolher "Victory Lap"[16] [No colo da vitória], de George Saunders, porque conta um evento muito específico e violento: um homem tenta sequestrar uma adolescente que está sozinha em sua casa para abusar dela. A história é contada combinando duas perspectivas, a da protagonista e a de uma testemunha, seu vizinho, um menino da mesma idade, superprotegido pelos pais, a cujas rígidas regras de segurança ele obedeceu até aquele momento. O trecho que escolhi é o que antecede a virada da história, quando o menino decide quebrar as regras dos pais e intervir no que está acontecendo com a menina:

> Por algum motivo, Kyle também sentiu a necessidade de sair para a varanda. Saiu. O cara ficou paralisado. Os olhos de Alison eram os de um cavalo assustado. O cara limpou a garganta e se virou um pouco para que Kyle pudesse ver algo.

Uma faca.

O cara da companhia elétrica estava com uma faca.

— Aqui está o que você vai fazer — disse ele. — Você vai ficar parado aí mesmo até a gente sair. Se você mexer um único músculo, eu juro que vou enfiar no coração dela. Entendeu?

A boca de Kyle estava tão seca que tudo o que ele podia fazer era mover os lábios como se dissesse "Sim".

Agora eles estavam atravessando o jardim. Alison se jogou no chão. O cara a levantou de um puxão. Ela se jogou de volta. Ele a levantou de novo. Era estranho ver Alison sendo manuseada, como uma boneca de pano, naquele jardim, naquele santuário perfeito que seu pai havia projetado para ela. Voltou a se atirar no chão.

O cara assobiou algo e ela se levantou imediatamente, dócil.

Kyle podia sentir, bem no centro do peito, todas as diretrizes Maiores e Menores que ele estava ignorando naquele exato momento: estava descalço na varanda, na varanda sem camiseta e na frente de um estranho com quem, além disso, havia interagido.

Na semana anterior, Sean Ball havia levado uma peruca para a escola para zombar de como Bev Mirren chupava o cabelo quando estava nervosa. Por alguns segundos, Kyle considerara intervir. Na Reunião da Tarde, sua Mãe havia dito que não o fazer tinha sido uma decisão muito criteriosa. "Não era da sua conta", disse o Pai. "Você poderia ter acabado gravemente ferido." A Mãe acrescentou: "Pense em todos os recursos que investimos em você, Querido." "Eu sei que às vezes parecemos muito rigorosos com você", disse o Pai. "Mas você é literalmente a única coisa que temos."

Agora eles estavam na frente da trave de futebol. O braço de Alison estava dobrado para trás. Ela estava fazendo um gemido como de negação, como se estivesse tentando inventar um som que pudesse comunicar adequadamente o que ela mesma acabara de entender que estava prestes a lhe acontecer.[17]

Dez parágrafos em que a história avança, se move. São quase pura narração (as descrições são de apenas uma linha e precisas: "Os olhos de Alison eram os de um cavalo assustado"; ela foi manuseada "como uma boneca de pano"; as poucas linhas de diálogo também fazem a ação avançar: nada é supérfluo). Mas o que me interessa é o trabalho com o tempo. Como a narração da cena do presente — Alison sendo arrastada pelo jardim até a caminhonete — é interrompida pelo passado do personagem que observa — as vozes dos pais em sua cabeça, o microepisódio do que aconteceu na escola. Esse trabalho com a temporalidade dá a ilusão de reproduzir o tempo subjetivo do personagem (o passado irrompe no presente, interrompe-o, todos sabemos que, na mente humana, todos os tempos coexistem, até mesmo o futuro), quando o que realmente faz é pausar a sequência de ações e nos dar as informações necessárias para entender quem é Kyle e por que dar um passo para fora de seu jardim é tão difícil para ele. O texto nem nos pede para acreditar que Kyle se lembra do episódio da colega ridicularizada naquele momento. É uma montagem "caprichosa" do autor, uma trama que aceitamos porque estabelece certa lógica no comportamento presente do personagem. Vemos nesse trecho como cada parágrafo é uma unidade narrativa muito trabalhada. O mais breve — "Uma faca" —, que marca com esse ponto o espanto e o horror do personagem, tinge os parágrafos seguintes de urgência, acelera o ritmo da história, que se move, rápido, até se deter no parágrafo que começa com "Na semana anterior". É aquele parágrafo com a cena do passado que mais tarde permitirá que a ação heroica do personagem (o rapaz acaba atirando uma pedra no sequestrador) seja compreendida, captada em toda a sua dimensão.

Se entendermos o pulso interno de um relato como essa montagem de frases e parágrafos em que se evidencia o trabalho com a temporalidade (assim como também com outros procedimentos, como a descrição ou o diálogo), estamos diante de um aspecto menos comentado do ritmo narrativo, aquele que mostra a ilusão de sujeição do tempo, o trabalho de impor pausas e limitações ao seu fluxo. Nesse sentido, não é tão importante que o exemplo escolhido seja uma tradução, na verdade parece que esse aspecto do narrativo resiste à passagem para outra língua. No entanto, o fragmento de Saunders é tão límpido, tão traduzível, que desperta suspeitas. Talvez seja a hora de introduzir um elemento impossível de ignorar e que é inseparável da ideia de ritmo: o conceito de estilo.

DESAPARECIMENTOS

"Mais verbos que adjetivos", propunha Fitzgerald.[18] É uma máxima que vários escritores ainda repetem, é tão aceita na tradição literária americana, que parece impossível rastrear suas origens. Em 1940, Hemingway declarava que sua escrita ainda era regida pelo manual de estilo do *Kansas City Star*, um jornal em que ele havia entrado como repórter aos dezoito anos de idade. Em seu título, esse manual — apenas uma pequena página — prescrevia quatro regras básicas: 1. Orações curtas; 2. Primeiros parágrafos breves; 3. Linguagem vigorosa; 4. Usar frases e termos afirmativos em lugar de seus equivalentes negativos.

Mais que descrever o estilo de Hemingway, que é muito mais complexo que isso, essas regras parecem uma receita certa para uma escrita telegráfica, mas sua influência (às vezes entendida como escrita "vigorosa" ou "despojada") foi enorme mesmo fora do mundo anglo-saxão. Ainda a encontramos em centenas de sites que fornecem dicas e métodos rápidos para se tornar um escritor da noite para o dia. Também na avaliação que alguns críticos fazem da literatura contemporânea (quanto mais despojada, mais árida, seca, concisa e precisa a prosa, mais positiva é a crítica).

Talvez o "sucesso" dessa receita se deva ao fato de que ela produz uma ilusão de "narração pura", um efeito de transparência graças ao qual novos autores aprendem a se livrar tanto das vaidades do eu quanto dos riscos da linguagem. Que alívio essa receita deve trazer a alguns: uma escrita que não tenha de se preocupar com a linguagem como tal, que não tenha medo de cair do penhasco pelos seus ritmos. Claro que se trata de um estilo, de um "jeito de fazer" como qualquer outro. Ocorre que, disfarçando-se de "narração pura", gostaria de parecer inexistente, de negar sua condição como tal. Nele, autora e linguagem desaparecem por trás de uma cortina de "transparência". A receita é tão bem-sucedida, que produz mais uma ilusão: a de que qualquer um pode escrever. Hemingway faz parecer fácil: "Essas foram as melhores regras que aprendi na questão da escrita. Nunca as esqueci. Qualquer homem, seja qual for seu talento, que sinta e escreva honestamente sobre o que quer escrever, e que respeite essas regras, pode escrever bem."[19]

Lá está, ao alcance de "qualquer homem", a escrita. E por que não? Afinal, todos nós temos uma história para contar. Mas, se você ler as histórias de Hemingway com atenção, saberá que ele é um autor que faz mais do que seguir essas regras; acima de tudo, ele faz mais do que "escrever bem". Deve-se lembrar que Hemingway não perdia a oportunidade de se livrar das perguntas que o incomodavam com uma frase que soava categórica (ou masculina) o suficiente e que ele preferia não falar sobre seus procedimentos de escrita. Sua teoria do "iceberg", por exemplo, é exposta em detalhes apenas em algumas entrevistas e em alguns parágrafos do ensaio "The Art of the Short Story"[20] [A arte do conto], um prólogo fracassado de uma antologia de suas histórias, escrito em 1959 e publicado muito mais tarde. Material suficiente, no entanto, para Ricardo Piglia extrair sua tese sobre o conto, em especial a de que um conto conta duas histórias.[21]

Joan Didion, comentando a enorme influência que Hemingway teve sobre os escritores que o seguiram, demonstra, ao simplesmente citar o primeiro parágrafo de *Adeus às armas*,[22] que seu estilo foi além das máximas do *Kansas City Star* (ou do lema "clareza, concisão e precisão", como ele resume na entrevista que acabei de citar). Didion dedica parte de seu artigo a mostrar a cadência particular daquele parágrafo, composto de quatro frases "enganosamente simples". Na verdade, elas são bastante longas, e nelas predominam a descrição e os verbos de estado; compõem uma cadência rítmica muito cuidadosa na combinação de acentos internos e o número de sílabas das palavras. Esse cuidado também fica evidente na supressão de alguns artigos demonstrativos por Hemingway. Ler esse parágrafo de perto nos permite compreender o ritmo particular (sinistro, arrepiante, premonitório) que antecipa o da história que será contada no romance e que já está marcado naquele primeiro parágrafo pelo que está oculto, pelo que não é dito.

Nesse artigo, Didion mostra como Hemingway era exigente na edição de seus textos, na busca de certo ritmo, especialmente no manejo da pontuação. Essa obsessão estilística é por vezes esquecida, diz, porque a biografia do autor é tão brilhante que

> [...] por vezes esquecemo-nos que se trata de um escritor que renovou completamente a língua inglesa, mudou para sempre os rit-

mos em que sua geração e várias das que se seguiram falariam e pensariam. A própria gramática de uma frase de Hemingway ditava (ou era ditada por) certa maneira de ver o mundo, uma maneira de olhar sem se envolver totalmente, uma espécie de romantismo individualista. Tão forte foi o efeito de sua dicção que ele se tornou a voz de seus admiradores, mesmo aqueles que não compartilhavam desse individualismo.[23]

O que me interessa nessa apreciação de Didion é que a noção de ritmo está associada a um modo de ver e, ao mesmo tempo, a um modo de fazer as coisas com palavras, a um estilo de escrita. O ritmo de um texto narrativo fala-nos de uma forma de apreender o mundo, de recortar o acontecimento e, ao mesmo tempo, de um modo de estar na linguagem. Os dois são inseparáveis. Escrever narrativa é, claro, muito mais do que apenas contar uma história. Ou melhor: contar uma história não é *a única coisa* que um texto narrativo faz. A tarefa da ficção é captar tanto os ritmos do mundo quanto os da imaginação e do pensamento, que são os da própria linguagem. Isso está mais próximo da ideia de ritmo que me interessa para pensar: uma escrita que trabalha a tensão entre o ritmo da história e o ritmo da linguagem. A forma como cada escritora expressa essa tensão está relacionada ao seu estilo de escrita e ao ritmo particular de cada um de seus textos.

Então, por que a insistência nesse "escrever bem" que, na verdade, privilegia ou mascara um certo tipo de estilo narrativo ("o estilo do não estilo")? Esse modo despojado ("sem adornos"), "vigoroso", não está associado à antiga predominância dos homens na narrativa, ao velho e absurdo preconceito que distinguia a "prosa masculina" da "prosa feminina"? São questões que pretendo deixar em segundo plano. Estou mais interessada em outra questão.

É notável que eu tenha chegado até aqui em meu pensamento sempre a partir de textos de escritores norte-americanos. Há várias razões para isso. A mais óbvia, minha história como leitora, minhas predileções. Mas também se deve ao fato de que escritores dessa tradição têm menos vergonha de escrever sobre o ofício, tendem a ser mais generosos em refletir sobre seus processos e seus métodos (até Hemingway acaba sendo assim, para seu pesar, em palestras e entrevistas). E em um único parágrafo de Fitzgerald se aprende mais sobre a questão do ritmo do que em um artigo de crítica literária. Que os verbos movam o texto para a frente e os adjetivos o detenham é uma forma muito simples de revelar que o ritmo da narrativa é composto pelas pausas e acelerações do tempo da história.

Na tradição argentina, por outro lado, esse tipo de reflexão sobre o ritmo é menos frequente. Há mais pudor em falar sobre o processo de escrita, como se a magia fosse ser desvendada ao desmontá-la. O tema do ritmo não costuma ser discutido porque implica discutir o próprio estilo, voltar ao que já foi escrito e se encarregar de um modo de fazer. Descobrir com horror, como diria Bioy, as "joias baratas" que foram abandonadas sem se dar conta em um texto já editado. Talvez por isso, ao contrário dos norte-americanos, quando os escritores argentinos falam de ritmo em prosa, não é para dar conselhos, mas advertências. Quase não se ocupam das pausas e limitações ao acontecimento, ao narrado, lidam com o "ouvido", com a sonoridade da linguagem e seus perigos. Como veremos, isso também revela certa maneira de fazer as coisas e certa ideia do que é escrever narrativa.

APARIÇÕES

Um fantasma percorre a narrativa argentina e o faz em forma de música — ou melhor, uma musiqueta — insidiosa. O escritor que se deixa cativar pelo ritmo da linguagem perde o rumo, atola e esquece a história: versifica. E assim, ao que parece, se mostra no texto em uma espécie de participação involuntária e lamentável.

O fantasma do autor e seus "tonzinhos" é evocado repetidas vezes por escritores de diferentes tradições e sempre a partir da noção de ritmo (entendido como sonoridade e métrica). Foi o que disse Bioy em entrevista:

> Acho que para escrever boa prosa é preciso ter um bom ouvido ou, pelo menos, conhecer as regras da versificação, para evitar que se deslizem versos na prosa. Porque uma mudança desagradável de ritmo surge quando um verso bem acentuado aparece na prosa. Um hendecassílabo bem acentuado, um alexandrino com cesura, e todos se destacam na prosa, como uma joia barata.[24]

Retomando uma ideia de Stevenson, Borges afirmava que a prosa é a forma métrica mais difícil e alertava para o perigo de cuidar demais do próprio estilo. Dar preponderância à eufonia é correr o risco de cair na versificação. Vale a pena reler sua explicação:

> O argumento de Stevenson era o seguinte: se se tem uma unidade métrica (por exemplo, o verso octossilábico da balada e dos *payadores*), basta repetir essa unidade para ter o poema; agora, essa unidade pode ser o verso alexandrino, ou pode ser o hexâmetro — um sistema de sílabas longas e curtas —, mas... se alguém tem essa unidade, basta repeti-la. Na prosa, por outro lado, é preciso

variá-la continuamente, de uma forma que seja agradável. Quando comecei a escrever, cometi o erro que quase todos os jovens escritores cometem: pensar que o verso livre é o caminho mais fácil. Na verdade, não é. Agora, em apoio à visão de Stevenson de que a prosa é a forma mais complexa de verso, temos um ditado que diz que não há literatura sem verso, mas há literaturas que nunca alcançaram a prosa.[25]

Segundo Aira, Osvaldo Lamborghini escrevia em uma luta constante contra esse perigo. De fato, transformou-o no ponto de apoio de seu estilo, marcado por um uso particular da pontuação e por um modo de escrever que manifestava uma marca da poesia na prosa e vice-versa. Uma escrita à beira de ambos, que não é nem uma coisa nem outra, era sua forma de conjurar a maldição do narrador, sua percepção de que todos os grandes romances são atravessados por uma pequena melodia, uma *musiqueta* à qual considerava "música porque sim, música vã".[26]

Essa preocupação com a música de um romance é compreensível. O ritmo de um texto de fôlego longo é marcado pelo tom particular da voz narrativa que sustenta a leitura, porque não se lê um romance só pela história, para saber o que vai acontecer, mas porque o texto é capaz de seduzir desde a voz, aquela música que promete um mundo ancorado na emoção. A voz é uma decisão fundamental ao escrever um texto; deve haver variações. Há romances que falham nessa promessa, em entoar a voz (ou vozes) para que se sustentem no tempo. Muitas vezes não passam de "música vã".

Três exemplos, três visões bastante técnicas do ritmo que dizem muito sobre nossa tradição literária. Há mais. Em um prólogo de um livro de Melville, Luis Chitarroni se ocupa dessa vocação um tanto censuradora. Ele conta que (outra vez) Stevenson lamentou a falta de "ouvido" de Melville, seu manuseio invejável de imagens visuais, mas seu descaso com a sonoridade da linguagem. Chitarroni aponta que o ritmo dos textos de Melville não está na combinação de sons que Stevenson esperava, mas em

> [...] suas inflexões precisas e salmódicas, que renunciam aos favores da oralidade para fazer o leitor cair em uma espécie de emboscada retórica, da qual ele não poderia escapar sem reconhecer o belo exercício de imersão nesses ritmos, nessa sintaxe. De Quincey também censurava John Donne por sua falta de ouvido desde o batismo (John Donne é tão monótono em inglês quanto Jorge Luis Borges é em espanhol). E John Louis Donne? O hexâmetro iâmbico e a boa configuração da prosa e da poesia inglesas predispuseram mal certos ouvidos, aqueles que esperam — e exigem — a mesma música sempre.[27]

Não se trata, portanto, apenas de "uma questão de audição" (aliteração, rimas etc.). Sintaxe equivale a montagem, e é assim que o texto narrativo encontra seu ritmo: na combinatória, no corte, na sucessão de palavras (e ações). Entender o ritmo narrativo não é o mesmo que brincar com a sonoridade e a extensão da frase, implica trabalhar essa relação combinatória das palavras com a sucessão de ações, que tentam captar o ritmo de um acontecimento. A sintaxe é o principal elemento a ser levado em conta, mas é preciso pensar além da frase: o que acontece de uma frase para a outra e o que acontece de um parágrafo (esse corte extremo) para o outro. Só se pensarmos nessas estruturas é que podemos entender o tipo particular de magia, de captação que exerce, por exemplo, o início de "As ruínas circulares".

O parágrafo de abertura desse conto de Borges é longo, tem onze linhas. O que segue é fundamental. Não só muda o ritmo por sua relativa brevidade (cinco linhas), como estabelece um salto, uma espécie de montagem: acelera consideravelmente a história, corta a cena do primeiro parágrafo com duas frases taxativas, que revelam muito da trama: "O propósito que o guiava não era impossível, embora fosse sobrenatural. Queria sonhar um homem." Já nessa montagem de parágrafos, vê-se o tipo de ritmo do conto como um todo e sua relação com a vontade de tramar, de intrigar a história. Mas vou me deter no famoso primeiro período do primeiro parágrafo para entendê-lo um pouco melhor:

> Ninguém o viu desembarcar na unânime noite, ninguém viu a canoa de bambu sumindo-se no lodo sagrado, mas em poucos dias ninguém ignorava que o homem taciturno vinha do Sul e que sua pátria era uma das infinitas aldeias que estão águas acima, no flanco violento da montanha, onde o idioma zenda não está contaminado de grego e onde é infrequente a lepra.[28]

Muito se tem falado sobre o ritmo hipnótico desse início. Em geral, destaca-se a precisão dos adjetivos de Borges ("unânime noite" é uma de suas imagens mais citadas). Mas para mim o efeito hipnótico está na estrutura, em especial nas frases que repetem o sujeito "ninguém" três vezes, só que fazem isso de forma diferenciada. A primeira frase é quase um alexandrino, foram acrescentadas sílabas à segunda para não repetir essa cadência. Então, entramos no conto em um ritmo, uma ligeira variação é imediatamente proposta, e já na terceira frase, quando esperamos algo similar, ela quebra completamente, e o inesperado aparece duplicado. Por um lado, a terceira frase é longa, um prosaísmo com muita informação que desenha um espaço-tempo enganoso (parece especificá-lo, mas ao mesmo tempo o esfuma) rematado por aquela enumeração de coisas díspares (as aldeias, as montanhas, os idiomas, a lepra!). Por outro lado, nessa frase o terceiro "ninguém" obedece a uma certa circularidade proposta pela repetição rítmica dos outros dois, mas ao mesmo tempo a quebra, acelera a narração e por algum motivo está introduzido por um nexo contraditório. No espaço entre a segunda frase e a terceira, o tempo passou e as coisas aconteceram, deslizou-se um conhecimento. Esses seres que agora sabem adquirem o status de multidão, são crentes obscuros que pululam no relato — já no início há aqueles seres que sabem e acreditam — e serão fundamentais em sua trama, principalmente no final.

Da mesma forma que para Melville, o ritmo para Borges era outra coisa: não a sonoridade "perfeita" ou a métrica *per se*, mas certa sintaxe, certa justaposição e variedade das estruturas a que qualquer escritora de ficção está necessariamente obrigada. Essa combinação particular do ritmo da história e da linguagem é o que determina o estilo de Borges, tantas vezes imitado, cuja influência na literatura latino-americana foi e é enorme. É ao mesmo tempo um modo de escrever e um modo de ver: o relato que esconde o outro, o conjectural, o avanço em estruturas semelhantes com pequenas variações, a imprecisão que se disfarça de precisão, a escrita que é sempre metáfora de outra.

Foi por causa de tal percepção de ritmo que nessa mesma entrevista Borges ofereceu um antídoto ao prosista preocupado com suas "joias baratas": a necessidade de criar cadências o tempo todo, de alternar a música, de fazer montagens nas quais se rompa uma combinação e se passe a outra. Essa seria a exigência para não cair na "tentação" da eufonia.

Paradoxalmente, escrever "demasiado bem", de forma demasiado eufônica, destrói o texto narrativo. E por quê? Porque o texto que dá rédea solta a esses ritmos da linguagem esquece que a narrativa se constrói em tensão, em contraponto entre duas respirações inseparáveis, a da história e a da linguagem.

Pergunto-me se esse medo da versificação, que a princípio parece tão esteticista, tão técnico, não é outra maneira de falar sobre a mesma coisa que os escritores norte-americanos falavam: o texto narrativo deve produzir a ilusão de apagamento da autora, do "eu" que se encarrega do texto. Narrar é construir essa ilusão: não há autora, a história se conta sozinha, se basta a si mesma, e essa forma de contá-la parece a única possível. De que modo cada autora executa essa ilusão de naturalidade é uma questão de estilística. Em suma, ambas as tradições chegam à mesma coisa: perder o ritmo da história é o único perigo que deveria ser levado em conta. Com relação ao demais (a língua, seus sons, suas combinações), tudo é possível desde que a história esteja viva, desde que o conto consiga a ilusão de capturar o acontecimento, de sujeitar o tempo em palavras.

[1] Werner Jaeger, *Paideia: los ideales de la cultura griega*, México: Fondo de Cultura, 2001. [Ed. bras.: *Paideia: a formação do homem grego*, trad. Artur M. Parreira, São Paulo: WMF Martins Fontes, 2013.]

[2] Pascal Quignard (1948-) é um escritor francês cuja obra é vasta e complexa, abrangendo romances, ensaios, peças de teatro e óperas. Publicou, dentre outros, *Todas as manhãs do mundo* (trad. Yolanda Vilela, Belo Horizonte: Zain, 2023). (N.E.)

[3] Pascal Quignard, *El odio a la música. Diez pequeños tratados*, Santiago: Andrés Bello, 1998. [Ed. bras.: *Ódio à música*, trad. Ana Maria Scherer, Rio de Janeiro: Rocco, 1999.]

[4] Paul Ricoeur, *Tiempo y narración. Configuración del tiempo en el relato histórico*, México: Siglo XXI, 2004. [Ed. bras.: *Tempo e narrativa: a intriga e a narrativa histórica*, trad. Claudia Berliner, São Paulo: WMF Martins Fontes, vol. 1, 2010.]

[5] Werner Jaeger, op. cit.

[6] Francis Scott Fitzgerald, *A Life in Letters*, Scribner: Nova York, 1995.

[7] Francis Scott Fitzgerald, op. cit.

[8] Jorge Luis Borges e Margarita Guerrero, *El libro de los seres imaginarios*, Buenos Aires: Emecé, 1978. [Ed. bras.: *O livro dos seres imaginários*, trad. Heloisa Jahn, São Paulo: Companhia das Letras, 2017.]

[9] Stephen King, *Mientras escribo*, Barcelona: Plaza y Janés, 2001. [Ed. bras.: *Sobre a escrita: a arte em memórias*, trad. Michel Teixeira, Rio de Janeiro: Suma, 2015.]

[10] Stephen King, op. cit.

[11] Philippe Hamon, *Introducción al análisis de lo descriptivo*, Buenos Aires: Edicial, 1994.

[12] Albert Camus, *O estrangeiro*, trad. Valerie Rumjanek, Rio de Janeiro: Record, 2019.

[13] Adolfo Bioy Casares, "O perjúrio da neve", in *Obras completas de Adolfo Bioy Casares*, trad. Sergio Molina et al., São Paulo: Globo, v. 1, 2014.

[14] André Breton, *Nadja*, trad. Ivo Barroso, São Paulo: 100/cabeças, 2022.

[15] Georges Perec, *As coisas*, trad. Rosa Freire d'Aguiar, São Paulo: Companhia das Letras, 2012.

[16] George Saunders, *Tenth of December*, Nova York: Random House, 2013. [Ed. bras.: "No colo da vitória", in *Dez de dezembro*, trad. José Geraldo Couto, São Paulo: Companhia das Letras, 2014.]

[17] George Saunders, op. cit.

[18] Francis Scott Fitzgerald, op. cit.

[19] Ernest Hemingway, *Conversations with Ernest Hemingway*, org. Matheu Bruccoli, University Press of Mississippi: Jackson, 1986.

[20] Ernest Hemingway, "The Art of Short Story", in *New Critical Approaches to the Short Stories of Ernest Hemingway*, Durham: Duke University Press, 1998.

[21] Ricardo Piglia, "Tesis sobre el cuento", in *Formas breves*, Barcelona: Anagrama, 2000. [Ed. bras.: "Teses sobre o conto", in *Formas breves*, trad. José Marcos Mariani de Macedo, São Paulo: Companhia das Letras, 2004.]

[22] Ernest Hemingway, *Adeus às armas*, trad. Monteiro Lobato, Rio de Janeiro: Bertrand Brasil, 2013.

[23] Joan Didion, "Last Words. Hemingway's Mysterious, Thrilling Style", *The New Yorker*, Nova York, 9 nov. 1998, disponível em https://newyorker.com/magazine/1998/11/09/last-words-6.

[24] Adolfo Bioy Casares, *Sobre la escritura. Conversaciones en el taller literario*, orgs. Félix Paolera e Esther Cross, Madri: Taller Escritura Fuentetaja, 2007.

[25] Jorge Luis Borges, "Jorge Luis Borges: Entrevista na Universidad Nacional de Córdoba [invierno de 1985]", disponível em https://borgestodoelanio.blogspot.com/2017/06/jorge-luis-borges-entrevista-en-la.html.

[26] César Aira, "Osvaldo Lamborghini y su obra", in Osvaldo Lamborghini, *Novelas y cuentos*, Buenos Aires: Ediciones del Serba, 1988.

[27] Luis Chitarroni, prólogo a *Las Encantadas*, trad. Alejandro Manara, Buenos Aires: Miluno, 2008.

[28] Jorge Luis Borges, "Las ruinas circulares", in *Obras completas 1923-1972*, Buenos Aires: Emecé, 1974. [Ed. bras.: "As ruínas circulares", in *Ficções*, trad. Davi Arrigucci Jr., São Paulo: Companhia das Letras, 2007.]

O aparecimento da forma: sobre o fim de um romance

ANTECIPAR O FIM

Há milênios, a humanidade vem imaginando seu fim: dilúvios, bombas atômicas, invasão alienígena, aquecimento global, pandemias: cada época tem um apocalipse para se adequar.

Um antigo texto de teoria literária defendia que esse pensamento do fim impõe um padrão à História, ordena o tempo ao enclausurá-lo, ajuda-nos a nos situar nele. Há um início e um meio porque existe esse fim imaginário. O argumento de Frank Kermode[1] era que, diante de nossa incerteza existencial, o romance oferece o consolo da forma, ocupa-se em conciliar a angústia, em ajustar e reajustar o sentimento apocalíptico coletivo de acordo com cada época.[2]

Gosto mais da ideia de catástrofe do que da ideia de apocalipse, pelo menos é desprovida do elemento religioso. "Catástrofe" significa um final diferente do esperado, as probabilidades se transformam no último minuto, o que não pode ser previsto. É verdade que a angústia da morte é parcialmente compensada pela capacidade artística de imaginar o inimaginável, de simbolizá-lo, mas a ideia da ficção como consolo não me convence, sinto que esquece a parte da fruição, da fruição ativa que o ato de ler apresenta.

Há um erotismo imanente nas coisas fechadas, enclausuradas, perfeitas. São completamente alheias a nós. Se projetamos sobre elas a angústia de não ter um sentido (um fechamento) para nossas vidas, é justamente porque somos capazes de nos maravilhar com seu equilíbrio, sua serenidade incomunicável. Não é apenas conforto que obtemos ao contemplá-las. Acho que ainda temos direito ao sentimento do sublime, essa calma que nos sobrevém ao contemplar algo que não precisa de nada. Fechados em si mesmos, uma escultura, um livro, uma montanha nos excluem e, ao mesmo tempo, nos incluem na sua não necessidade, experimentamos neles o mistério da forma. Podemos, se nos animamos, chamar esse mistério de beleza.

Isso acontece conosco como leitores ou espectadores de uma obra. Mas o que acontece do lado da autora? Como sabemos que um romance acabou, que encontrou sua forma? A busca pela perfeição pode ser uma prisão e dificultar, em vez de permitir, o surgimento da forma que convém a um texto. É difícil chegar ao fim, identificá-lo, saber quando é hora de largar um romance, até porque a ideia de terminar algo que está conosco há muito tempo é uma antecipação da morte. Aceitar o fim de um processo criativo tem algo de pesar, e a escritora resiste, às vezes contra o próprio livro.

Sempre fico um pouco triste quando termino um romance, porque sei que não vou mais viver naquele universo, que ele não é mais meu. Os anos vão passar e vou me lembrar dos personagens, às vezes até consigo recuperar o momento exato em que escrevi uma frase, inventei uma aventura, pensei em um nome. Mas nunca mais estou realmente no livro e, com o passar do tempo, até me parece estranho que esse universo de emoções e ações tenha saído de minha imaginação. Um sentimento semelhante acontece-me com os romances que me captaram como leitora, aquela tristeza do fim que, no entanto (e ao contrário dos livros que escrevi), continua latejando na imaginação. A tristeza de chegar ao fim é semelhante, mas o prazer é outro: vivemos mais nos livros que lemos do que nos que escrevemos. Como leitores, nos apropriamos da forma talvez com mais habilidade do que os autores, sentimento tão bem expresso por Jean Rhys em uma história em que a protagonista pensa:

> E você lê uma página desses romances, ou mesmo uma única frase, e começa a engolir o resto com avidez, e vive em um sonho por várias semanas depois de terminá-lo, por vários meses — talvez toda a sua vida, quem sabe? — cercada por aquelas seiscentas e cinquenta páginas, pelas casas, pelas ruas, pela neve, pelo rio, pelas rosas, as meninas, o sol, os vestidos das damas e as vozes dos cavalheiros, as velhas perversas de coração duro e as velhas tristes, as valsas, tudo. O que não está lá você mesma acrescenta depois, porque é um livro que está vivo e continua crescendo em sua memória. Você pensa: "A casa em que eu morava quando li esse livro."[3]

A relação entre leitura e escrita como atos complementares, que possibilitam fazer aparecer a verdadeira forma de um livro, é algo muito profundo. Paul Valéry foi um dos autores que melhor falou do sentimento ambivalente que ocorre a quem escreve: a necessidade de terminar o texto e a resistência em fazê-lo. Do prefácio de *O cemitério marinho* vem sua frase tantas vezes citada sobre finais: "As obras de arte não terminam, se abandonam."[4] Transformada em credo criativo ou slogan, lemos a frase na boca de personagens tão diversos como Auden, Marianne Moore, Gore Vidal ou George Lucas. Mas, sendo despojada de seu ímpeto argumentativo, a frase não reflete de forma justa o pensamento de Valéry, que nesse prefácio escreve sobre a relação do poeta com o poema; sobre a diferença entre o trabalho realizado, "a figura acabada" e seu processo, ou melhor, a memória desse processo. Para o poeta, ele diz, há "uma ética da forma" que leva ao trabalho em potência infinito, lento, o trabalho pelo próprio trabalho, em que o poeta reforma seu espírito ao modificar permanentemente o texto. Trata-se de um processo de aprendizagem, um exercício espiritual:

> Com isso, afasta-se das condições "naturais" ou ingênuas da Literatura, e confunde-se insensivelmente a composição de uma obra do espírito, que é uma coisa acabada, com a própria vida do espírito, que é uma potência de transformação sempre em ação. Chega-se ao trabalho pelo trabalho. Aos olhos desses amantes da inquietude e da perfeição, uma obra nunca está terminada — palavra que não faz sentido para eles —, mas abandonada; e esse abandono, que entregam às chamas ou ao público (seja por efeito da indolência ou pela obrigação de entregá-la), é uma espécie de acidente, comparável à interrupção de uma reflexão, que o cansaço, o aborrecimento ou alguma sensação tornam nula.[5]

Aos olhos do poeta, a obra sempre pode continuar. Podia sempre ser continuada, variada ou melhorada, e há escritores que fizeram desse fato a sua poética. Aqueles que trabalham pela ética da forma, então, tornam-se obcecados a ponto de nunca terminar a obra, de modo que o fim é vivido como um acidente, algo aleatório. Na anedota que Valéry conta sobre *O cemitério marinho*, o acidente é a leitura de um amigo do poema em que ele ainda estava trabalhando e que o outro achava perfeito exatamente como era. A obra é então arrancada de uma torrente, é extirpada de fora do trabalho do poeta. Isso não implica, no entanto, que o autor tenha desconsiderado a forma, a composição que guiou sua obra para aquele ponto-final "aleatório", mas simplesmente que ele é incapaz de vê-la até que alguém a aponte para ele. As obras são escritas por dentro, mas sua forma só é percebida de fora.

Valéry fala um pouco mais sobre seu processo; confessa sofrer do "gosto perverso da retomada indefinida", mas, se tem algum conselho no caminho de sua análise, não é abandonar o texto assim com a desculpa de que toda obra é sempre perfectível, muito pelo contrário. Seu conselho é trabalhar sem pausa.

> Eu seria tentado, se seguisse meu sentimento, a comprometer os poetas a produzir (como fazem os músicos) uma diversidade de variantes ou soluções de um mesmo tema. Nada me parece mais condizente com a ideia que me agrada de poeta e de poesia.[6]

Como se chega, então, ao fim de um livro? Como gestar "o acidente"? Leonardo da Vinci propunha para o pintor um exercício que pode ser aplicado à literatura. "Ao pintar, deveríamos sempre ter um espelho plano para contemplar com frequência o trabalho refletido nele. Dessa forma, quando olharmos para ele inadvertidamente, acharemos que é obra de outro pintor e será mais fácil descobrirmos seus defeitos."[7] Ele também aconselhava interromper o trabalho de vez em quando para voltar com outro olhar e contemplar o quadro de certa distância, já que assim parece menor e "nossos olhos podem percebê-lo de relance, descobrindo mais facilmente a falta de harmonia e proporção nas bordas e cores dos objetos".[8]

Cada autora terá histórias particulares de como chegou ao fim de seus livros, mas acho que há muitos casos em que algo funciona como um "espelho plano" e nos ajuda a perceber sua forma, a vê-la de fora. Às vezes, esse espelho é o tempo e é por isso que muitos escritores aconselham deixar o texto que consideramos "acabado" descansar por vários meses ou até anos. Em outro ensaio, trato dessa forma de causar "o acidente" que é traduzir o texto para outra língua (algo muito pouco prático, claro, no caso de um romance). Com mais frequência, o espelho é a leitura dos outros. Dado que a figura do editor foi perdendo, ao longo dos anos, esse papel para os autores e agora se limita a simplesmente decidir se um livro é vendável ou não, a melhor coisa que uma escritora pode fazer é ter um par de leitoras sinceras e confiáveis a quem ela possa entregar seu manuscrito antes de dá-lo "às chamas ou ao público". Quando funcionam bem, esse também é o papel que as oficinas de escrita desempenham.

Há mais um componente que nos diz que é hora de abandonar o texto. Valéry o menciona de passagem. É um "acidente" que não é externo à escritora, é uma emoção ou sensação: cansaço ou aborrecimento em relação ao próprio texto. É preciso prestar muita atenção nessas emoções e não insistir em continuar apesar delas. Nosso cansaço ou tédio é um sintoma do esgotamento da aventura textual, um sinal de que demos tudo o que podíamos dar àquele texto, de que o trabalho com as variáveis que impomos a nós mesmos no início — seja na forma de um ritmo, de uma história, de uma metáfora — está acabado. Às vezes, o abandono pode ser temporário: sair do texto que nos incomoda (na verdade, ficamos irritados com nosso tropeço com a forma) e voltar a ele depois de um tempo. Outras vezes, é definitivo: chegamos ao fim do caminho.

Mas eu queria falar, na verdade, de outra coisa. De um momento anterior ao que Valéry pensa, que é mais como a etapa de correção de um manuscrito. Quero pensar no momento em que a pessoa ainda está dentro do romance sem saber o final, lutando para chegar até ele, antecipando-o e, ao mesmo tempo, temendo-o. O momento diante de qualquer tipo de espelho em que se está sozinho com um texto que ainda não encontrou sua forma.

A OBRIGAÇÃO DA FORMA

Ao contrário de outros gêneros, ao contar uma história, o romance é construído sobre uma estrutura — a narração — que o organiza de maneira subterrânea. É claro que há jogos que a autora pode fazer com ele, mas existe um fechamento lógico e cronológico da história que se impõe à liberdade estilística. O romance é escravo do tempo e de seus jogos, e por isso trabalhar com a temporalidade é uma de suas complexidades. A história deve ser encerrada, mesmo que o faça de forma aberta, ambígua ou sugestiva. Se o romance é puro jogo formal, como *Tristram Shandy*[9] ou os textos de Macedonio Fernández, Witold Gombrowicz ou Virgilio Piñera, aproxima-se do tipo de trabalho que Valéry tinha em mente para a poesia: suas variações e seus ritmos levam a espirais, a formas de retomada indefinida, e o acidente no final dependerá da autora e de seus espelhos. Há livros, como *Ulysses*,[10] de Joyce, ou *Adán Buenosayres*,[11] que estruturam sua narrativa à sombra de outro, o que não significa que seus autores não tenham tido que trabalhar de dentro das cenas narrativas que os resolvem. É provável que quem tem esse tipo de projeto ache pouco útil falar de finais: tropeçando ou triunfando na combinação única de plano e acaso imposta por seus próprios experimentos, chegará à figura definitiva de seus textos.

Por outro lado, os estudos de psicologia da Gestalt mostram que os seres humanos são programados para perceber completude mesmo onde ela não existe. Uma figura de pontos em que alguns foram suprimidos de nossos olhos é, de qualquer forma, um círculo. Nós o completamos. Tal qual um bando de pássaros em movimento é percebido como seguindo um plano ou destino comum, mesmo que não tenha um (suas voltas são aleatórias, dependendo de fatores como o vento ou os predadores). As leis perceptivas de completude e fechamento não são manifestações de angústia existencial, são reações automáticas de nosso cérebro, e provavelmente têm muito a ver com nossa ideia do belo, embora as definições desse conceito mudem de acordo com as épocas e as culturas.

Há sempre dois aspectos na percepção de completude que nos invade quando terminamos de ler um livro: o fechamento da própria história (seu desenlace) e as palavras, os ritmos, que fecham o texto. Há romances em que esses dois fechamentos coincidem, seria difícil separá-los; há outros em que a história se fecha primeiro e depois aparece outro fechamento, como uma coda, que completa seus ritmos. O fim de *O grande Gatsby* é um desses casos. Gatsby já está morto, a história já foi contada, mas Fitzgerald acrescenta mais uma cena entre Nick e Tom (o personagem mais desagradável do romance e o culpado indireto pela morte de Gatsby). Portanto, o livro não termina com uma nota dramática, e sim com uma nota melancólica, encerra-se com esta reflexão de Nick, que muitos leem como um olhar desencantado sobre o sonho americano:

> Gatsby acreditara na luzinha verde, naquele futuro orgiástico que ano após ano se afasta de nós. O futuro já nos iludiu tantas vezes, mas não importa... Amanhã correremos mais depressa e esticaremos nossos braços um pouco mais além até que, em uma bela manhã...

E assim nós prosseguimos, barcos contra a corrente, empurrados incessantemente de volta ao passado.[12]

Ao ler o final de um romance, não só sentimos que o texto "não carece de nada", mas que tampouco tem excessos: essas são as palavras exatas com as quais aquele livro tinha de terminar. A ilusão do final "perfeito" é a que faz aparecer, por alguns segundos e como que por mágica, a figura da forma, o romance como algo completo.

Acho que bons finais fecham a história, mas ao mesmo tempo abrem portas sensíveis na imaginação: produzem a sensação de um mundo autônomo que segue; quem se despede dele é a leitora, mas esse mundo continua, ainda está lá, se sustenta como uma peça acabada à qual podemos voltar, à qual estamos sempre voltando porque agora faz parte da vida da mente.

Talvez essa característica dos finais os torne menos memoráveis do que os começos: eles estão impressos em nossa imaginação com um contorno difuso, projetado ao longo de todo o livro.

Quando lemos um final, estamos nos despedindo de um universo, de um ritmo, de uma série de personagens com quem convivemos por bastante tempo, é um momento delicado. É preciso tomar cuidado para não sobrecarregar o texto (e os leitores). É por isso que Fitzgerald aconselhou o final sutil, em que o ritmo da história diminui lentamente até se desintegrar, em vez do final dramático ou abrupto com um grande evento. Essa questão parece tê-lo obcecado bastante, porque há várias cartas em que ele compara os finais de *O grande Gatsby* e *Suave é a noite*, que ele percebia como muito diferentes. Enquanto no primeiro romance ele havia resolvido a história em um final drástico e chocante (o assassinato de Gatsby na piscina foi precedido, além disso, pela morte de Myrtle no acidente de carro), no segundo ele optou por um desenlace lânguido, sem um grande acontecimento. Esse fim sem eventos de alto impacto, em que os protagonistas simplesmente se separam, corresponde a algumas linhas finais bastante secas, de simples indiferença.

> Depois disso, ele não pediu que mandassem as crianças aos Estados Unidos, e não respondeu quando Nicole lhe escreveu perguntando se precisava de dinheiro. Na última carta que mandou para ela, disse-lhe que estava trabalhando em Geneva, Nova Iorque, e ela ficou com a impressão de que ele havia se ajeitado com alguma pessoa para cuidar da casa para ele. Ela procurou Geneva em um atlas e descobriu que era no centro da região de Finger Lakes, e achou que era um local agradável. Talvez, ela gostava de pensar, a carreira dele estivesse dando um tempo, de novo como a de Grant em Galena; a última mensagem dele tinha o carimbo postal de Hornell, Nova Iorque, que fica a certa distância de Geneva e é uma cidadezinha muito pequena; de qualquer modo, ele certamente se encontra naquela região do país, em uma cidadezinha ou outra.[13]

Em 1936, Fitzgerald contou a um amigo a origem dessa decisão:[14]

> Quando Ernest [Hemingway] estava escrevendo *Adeus às armas*, ele tinha dúvidas sobre o final e pediu conselhos a meia dúzia de pessoas. Trabalhei como louco na questão até que cheguei a convencê-lo de uma filosofia completamente oposta a tudo o que ele achava que um fim deveria ser. Ao mesmo tempo, mais tarde, ele acabou me convencendo de que era assim que *Suave é a noite* tinha de terminar: com uma extinção gradual, e não com um *staccato*.[15]

Não é por acaso que suas metáforas vêm da música; sua forma de entender o romance é como uma composição em que o ritmo da linguagem está inextricavelmente ligado ao da história. Em outra carta, Fitzgerald sustenta que tanto ele quanto Hemingway teriam obtido essa ideia a partir do prefácio de Conrad para *O negro do Narciso*.[16] Nesse texto, Conrad não fala especificamente sobre finais, mas fala sobre o propósito da ficção. Fitzgerald resume assim em uma carta anterior, de 1934, desta vez dirigida ao próprio Hemingway: "O propósito de uma obra de ficção é persistir na mente do leitor como uma imagem, um efeito duradouro, ao contrário, por exemplo, da prosa argumentativa ou filosófica, que o deixam respectivamente em um humor beligerante ou pensativo."[17]

Essa ideia de "longo prazo" não é semelhante ao que o personagem de Jean Rhys diz tão bem na história que citei anteriormente? Regressar, insistir em tanta imagem ou sensação vivida, é o propósito da ficção, e o fim de um romance deve deixar a porta aberta para essa insistência. Esse efeito de permanência é o modo como apreendemos a forma quando terminamos de ler um livro.

É interessante se debruçar um pouco mais sobre a carta de Fitzgerald a Hemingway, porque ela esclarece o que cada um deles pensava sobre o tema dos finais. A relação entre os dois já estava tensa e, nessa carta de 1934, somam-se as críticas de Hemingway a *Suave é a noite* como um romance fraco. Fitzgerald responde lembrando-o dos problemas que Hemingway teve ao corrigir o final de *Adeus às armas*:

> Lembro-me de que seu primeiro rascunho — pelo menos o que li — terminava com uma espécie de resumo da vida futura dos personagens, no estilo dos livros de [Horatio] Alger [escritor norte-americano

de livros para jovens em estilo moralista]. "O padre virou padre durante o fascismo" etc. Você vai se lembrar de que eu sugeri que você pegasse qualquer passagem eloquente do romance e a movesse para o final para terminá-lo com isso. Você era contra a ideia porque ela se opunha à sua filosofia de que a ficção deveria levar o leitor a um pico de tensão emocional e depois deixá-lo cair lentamente ou, pelo menos, se afrouxar. Você não deu nenhuma razão estética para isso, mas me convenceu mesmo assim.[18]

Na edição de *Adeus às armas* que menciono em nota [p. 134], pode-se consultar "O final Fitzgerald", o número 34, que é ainda mais decepcionante do que o do romance publicado em 1929. Hemingway assim anotou o final sugerido por seu amigo: "o mundo destrói qualquer um" e "se ele não te destrói, ele te mata. Mata os muito bons, os muito generosos e os muito corajosos, sem exceção. Se você não é um deles, pode ter certeza de que te destruiria também, mas sem tanta pressa". Entende-se, então, que a nota dramática nesse final é aquela que Hemingway rejeitou em favor de um final em tom mais resignado.

Essas discussões entre Hemingway e Fitzgerald são para mim algumas das mais emocionantes da história da literatura, são autores que agem como um espelho um para o outro de mais de uma maneira; eles discutem esses temas com uma paixão e sofisticação difíceis de encontrar nos outros. O que se entende dessa troca é que, através de Conrad, os dois passaram a aceitar que um desenlace no qual se soltam as rédeas com suavidade e a tensão é afrouxada é preferível ao final abrupto marcado por um evento impactante. Acho que isso é parte do que consistia o modernismo desses autores, esse tipo de inovação formal em oposição a certo tipo de narrativa tradicional.

De acordo com essa ideia de ficção, o final de *Adeus às armas* contém a cena da morte de Catherine, mas é contado sem drama, através de um diálogo seco entre Henry e o médico que a operou, seguido de uma breve cena em que o protagonista expulsa as enfermeiras para ficar a sós com a mulher morta. A despedida final, então, replica a do título, motivo narrativo que tem muitos ecos ao longo do romance.

> Mas depois que as fiz sair, depois de ter fechado a porta e apagado a luz, percebi que era tudo inútil. Era como se eu estivesse me despedindo de uma estátua. Passou um momento, saí e abandonei o hospital. E voltei para o hotel debaixo de chuva.[19]

A discussão de Fitzgerald sobre os finais me leva a pensar a respeito de quais eram essas outras formas mais tradicionais de considerar o fechamento de uma história e de que modo elas foram se decantando na história literária, talvez por terem vindo de outras formas, como a anedota oral ou o teatro. Aristóteles já prescrevia um único e terrível fim para a tragédia. A morte não é necessariamente o fim de um herói trágico, mas o desastre, a perda da fortuna, a ruína ou, pelo menos, o que ele experimenta como tal. O romance, claro, também pode contar uma queda, mas como esse final é escrito e o que os romancistas fazem com ele é outra questão.

Seguindo essa ideia poderosa dos altos e baixos na fortuna do herói, Kurt Vonnegut escreveu uma tese muito engraçada sobre as formas das histórias. Há vídeos na web que o mostram diagramando a história de Cinderela em um quadro e demonstrando que, do ponto de vista estrutural, é a mesma que subjaz ao Novo Testamento.

Vonnegut desenvolveu essa teoria das formas em 1947 como parte de sua tese de mestrado em antropologia, que foi rejeitada pela Universidade de Chicago.[20] Em sua autobiografia, ele a resume de forma simples: "A ideia central é que as histórias têm formas que podem ser diagramadas no papel, e que as formas das histórias de uma dada sociedade são pelo menos tão importantes quanto a forma de seus vasos ou suas pontas de flecha."[21] Em seguida, ele dá alguns exemplos dessas histórias e seus gráficos (os mitos de criação, as histórias de amor, Cinderela etc.). *A metamorfose*,[22] por exemplo, reduz-se a uma história em que "um homem em uma situação desesperada de repente se vê em uma situação ainda pior".[23] O gráfico fala muito. K. começa bem no eixo da fortuna e termina ainda mais na queda:

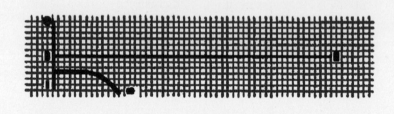

O que me fascina nesses diagramas? Eles dizem de maneira muito simples uma verdade óbvia sobre o ato de contar: uma vez que uma série de variáveis em uma história é posta em movimento, há apenas certos resultados ou desfechos possíveis.[24] Não são infinitos. Há um ponto na escrita em que chegar ao fim de que o livro necessita é simplesmente fazer escolhas.

Montar uma trama é algo complexo; há muitos níveis em que a história é tecida, mas fundamentalmente consiste em tentar diferentes caminhos especulativos (e se?...) até chegar ao ponto de fechá-los de acordo com sua própria lógica. Essa complexidade se multiplica no romance porque costuma contar mais de uma história. Acho que a ficção pode ser entendida como um movimento ou uma série de movimentos. Cada um dos personagens de um romance é uma linha de força com altos e baixos ditados pela busca de seu desejo. Não tenho muita consciência disso quando escrevo, mas há momentos de distância ou crise no texto em que percebo como essas linhas de força interagem umas com as outras, então escrever um romance é um processo longo e muito intenso. Imaginá-lo implica carregar todas as suas variáveis na cabeça, afundar até se perder nelas, ensaiar e errar, embaralhar de novo, vislumbrar a possível forma do texto em seus desvios, nos galhos que foram cortados, os personagens que não foram, até encontrar a peça que faltava para acomodar todo o quebra-cabeça. Claro que nenhum diagrama diz isso. Não há receitas, se existissem não teria graça. Esse jogo de invenção — que não está separado da escrita, mas faz parte dela — é a coisa mais emocionante da tarefa do romancista.

Entender a forma narrativa é tão importante que é esse aspecto que Hemingway e Fitzgerald mais discutem em suas cartas quando falam sobre finais. Hemingway disse em uma entrevista que o obstáculo para chegar ao final de *Adeus às armas* era "encontrar as palavras certas". Que o romance terminasse com a morte de Catherine não estava em discussão, esse era o desfecho narrativo que tinha de ter. O que ele ensaia em seus 47 finais possíveis e nas cartas aos amigos é como escrever o tom, a nota particular que deve soar no final do livro.

A ideia de Vonnegut de que as formas das histórias podem ser estudadas e grafadas está tão em sintonia com a indústria cultural que não pode deixar de escandalizar os defensores da vanguarda, da inovação e da "liberdade" dos artistas. É preciso um pouco de humildade para reconhecer que, depois de tantos milênios de escrita, as estruturas das histórias permanecem as mesmas. Só que o experimento está em outro lugar. Ou, em outras palavras, aceitar que a beleza da forma consiste em aceitar, primeiro, seus limites e depois entender que dentro deles tudo é possível. *Matadouro-cinco*[25] é um bom exemplo de como uma estrutura narrativa tradicional nas mãos de um escritor brincalhão como Vonnegut pode produzir resultados extraordinários. Além de outros jogos com temporalidade, Vonnegut interrompe a história principal do romance (que trata do bombardeio de Dresden e crianças-soldados na Segunda Guerra Mundial) com um relato paralelo de como alienígenas sequestram o protagonista anos depois e o exibem em uma espécie de zoológico.

Trabalhos inovadores com uma estrutura narrativa muito tradicional também podem ser vistos em autores que ninguém acusaria de serem *mainstream*. Por exemplo, o final de *A hora da estrela* é tão drástico que, nas mãos de outra escritora, poderia ter tocado na nota errada: Macabéa é atropelada por um Mercedes-Benz assim que sai da vidente, quando ainda sonha com o futuro cor-de-rosa que acabou de ouvir na sessão. A cartomante dissera-lhe que sua vida ia mudar completamente, que para aquela jovem que "nunca tivera coragem de ter esperança" chegara a hora da felicidade, mas, em vez disso, a morte a aguardava. No fim do conto de fadas que a vidente prevê para ela (em que a pobre moça encontrará um marido rico e estrangeiro), Lispector sobrepõe-lhe um catastrófico, a morte absurda nas mãos de um carro dirigido por esse tipo de homem (rico, loiro e estrangeiro).

O jogo da autora com a forma narrativa naquele momento do relato é muito complexo: melodrama, conto de fadas, história moralizante, tudo é virado de ponta-cabeça nesse final. Nas mãos de Lispector, esse fechamento drástico não é apenas ironia dramática, é quase realista. Como terminam as nordestinas? Bem, dessa maneira. "Pergunto: toda história que já se escreveu no mundo é história de aflições?", interpela o narrador um pouco mais tarde. E algumas linhas depois ironiza: "O final foi bastante grandiloquente para a vossa necessidade?"[26]

O absurdo da vida minúscula, da vida em geral, encontra diferentes variantes expressivas no final narrativo e poético de *A hora da estrela*. Era esse o grande tema, o que abriu o romance e o que dá sentido ao seu desenlace, que é então elaborado nestas linhas:

> Pronto, passou.
>
> Morta, os sinos badalavam mas sem que seus bronzes lhes dessem som. Agora entendo esta história. Ela é a iminência que há nos sinos que quase-quase badalam.
>
> A grandeza de cada um.[27]

O romance prossegue por mais alguns parágrafos, deve continuar, pois contém o final metadiscursivo em que se encerra a "história" de Rodrigo S. M., o narrador. A genialidade desse romance é que ele trabalha com a forma tradicional de histórias quando se é capaz de olhá-lo com outros olhos.

Como leitores, todos temos um conhecimento intuitivo das estruturas que sustentam as histórias da cultura em que vivemos, o que não quer dizer que quem se senta para escrever um romance o planeje ou o rastreie *a priori* sobre elas. Toda escritora sabe como avança no difícil caminho que começa com um devaneio e chega a outro.

Quando estou escrevendo um romance, a cena final me preocupa tanto quanto as linhas que vão contá-la. Mas, ao contrário do que acontece comigo com os começos, sei que, quando aparecer, o fará com as palavras certas. Ou, pelo menos, que eu vou conseguir reconhecê-las a partir de uma série de variantes, porque serão aquelas que estiverem em consonância com o tom, o ritmo da voz narrativa que vem interpretando a história desde o início.

Por outro lado, é lógico que os começos são mais desajeitados do que os finais. Quando começamos a escrever, ainda não sabemos do que se trata o livro, a aventura textual consiste em encontrá-lo, e esse encontro se dá em uma estranha mescla de controle e liberdade da própria escrita. Com o passar do tempo e do trabalho, tendo vivido na intimidade daquele mundo, em luta com os personagens e seus desejos, tem-se a sensação de que se vai chegar devagar, mas seguramente, a um porto, a uma imagem, a uma resolução. Sei que em algum momento essa cena final se apresenta como um ponto de luz difuso a ser alcançado (geralmente acontece comigo depois do que chamo de "crise do meio do livro", mas isso seria tema para outro ensaio).

Se prestarmos atenção no início e no fim de um romance que nos capturou, veremos que a promessa, o ritmo, o arco dramático que abre as primeiras linhas se cumpre nas últimas. A história se encerra, mas seus significados não são fechados, nós os tornamos nossos na apreensão da forma particular que esse romance tem como um todo. Quando lemos o final de um romance, temos aquela sensação de plenitude, de completude de forma. Entendemos que estamos diante de algo da ordem do incomunicável, algo que não precisa de nada, que nos exclui e nos inclui ao mesmo tempo: continua, é um mundo, está lá, posso voltar a ele.

[1] Frank Kermode (1919-2010) foi um proeminente crítico literário britânico cujo trabalho influente abrangeu uma variedade de temas na teoria e interpretação literárias. Ele é reconhecido por suas contribuições significativas ao estudo da literatura, com foco especial em Shakespeare, teoria narrativa e narratologia moderna.

[2] Frank Kermode, *The Sense of an Ending*, Oxford: Oxford University Press, 1968. [Ed. bras.: *O sentido de um fim: estudos sobre a teoria da ficção*, trad. Renato Prelorentzou, São Paulo: Todavia, 2023.]

[3] Jean Rhys, *Los tigres son más hermosos*, Barcelona: Anagrama, 1983.

[4] Paul Valéry, *El cementerio marino*, Madri: Alianza, 2017. [Ed. bras.: *O cemitério marinho*, trad. Roberto Zular e Álvaro Faleiros, São Paulo: Demônio Negro, 2020.]

[5] Idem.

[6] Idem.

[7] Leonardo da Vinci, "Acerca de la crítica sobre los propios cuadros", in *Cuaderno de notas*, Madri: Edimat, 2010.

[8] Leonardo da Vinci, op. cit.

[9] Laurence Sterne, *A vida e as opiniões do cavalheiro Tristram Shandy*, trad. José Paulo Paes, São Paulo: Penguin-Companhia das Letras, 2022.

[10] James Joyce, *Ulysses*, trad. Caetano W. Galindo, São Paulo: Companhia das Letras, 2022.

[11] Protagonizado pelo personagem-título, o romance do escritor argentino Leopoldo Marechal (1900-1970) foi publicado originalmente em 1948. Inédito no Brasil, é comparado a *Ulysses*, de James Joyce, por sua forma moderna e ambiciosa. (N.E.)

[12] Francis Scott Fitzgerald, *El gran Gatsby*, Barcelona: Debolsillo, 2011. [Ed. bras.: *O grande Gatsby*, trad. William Lagos, Porto Alegre: L&PM, 2011.]

[13] Francis Scott Fitzgerald, *Suave es la noche*, Barcelona: Alfaguara, 2011. [Ed. bras.: *Suave é a noite*, trad. Solange Pinheiro, São Paulo: Martin Claret, 2019.]

[14] Francis Scott Fitzgerald, *A Life in Letters*, Scribner: Nova York, 1995.

[15] Fitzgerald não está exagerando. Em 2012, uma edição de *Adeus às armas* foi publicada nos Estados Unidos, contendo os 47 finais alternativos que Hemingway escreveu e descartou. Alguns são apenas uma variante de uma linha, outros abrangem vários parágrafos. Um breve artigo sobre isso saiu no *El País*, que também diz que Fitzgerald teria escrito 48 versões do último capítulo de *O grande Gatsby*. (N.A.)

[16] Joseph Conrad, *O negro do Narciso, Coração das trevas, Linhas de sombra e outras histórias*, trad. Luzia Maria Martins et. al., Lisboa: Relógio D'água, 2017.

[17] Francis Scott Fitzgerald, op. cit.

[18] Idem.

[19] Ernest Hemingway, *Adiós a las armas*, Barcelona: Debolsillo, 2015. [Ed. bras.: *Adeus às armas*, trad. Monteiro Lobato, Rio de Janeiro: Bertrand Brasil, 2013.]

[20] O objeto de estudo da tese de Vonnegut era a "Dança fantasma", um movimento religioso dos povos nativos da América do Norte através do qual eles esperavam recuperar seu território. Em outras palavras, sua ideia sobre as estruturas das histórias fazia parte de um estudo concreto desse fenômeno cultural do fim do século XIX.

[21] Kurt Vonnegut, *Palm Sunday. An Autobiographical Collage*, Nova York: Dial Press Trade Paperbacks, 2006.

[22] Franz Kafka, *A metamorfose*, trad. Modesto Carone, São Paulo: Companhia das Letras, 1997.

[23] Kurt Vonnegut, op. cit.

[24] Para além de sua provocação, os diagramas de Vonnegut avançam em meio século algo que a narratologia hoje conceitua como *masterplots*, estruturas que sustentam histórias contadas repetidamente com enredos particulares que diferem de tempos em tempos e que estão ligadas aos nossos valores, desejos e medos mais profundos. Abbott considera que algumas *masterplots* são universais (como a jornada do herói); outras, locais ou nacionais. Ele dá o exemplo de uma estrutura muito estadunidense, que ele chama de "*masterplot* Horatio Alger", em que um jovem pobre ascende, através do esforço pessoal, ao auge do prestígio e da fortuna. [Cf. H. Porter Abbott, *The Cambridge Introduction to Narrative*, Nova York: Cambridge University Press, 2002.]

[25] Kurt Vonnegut, *Matadouro-cinco*, trad. Daniel Pellizzari, Rio de Janeiro: Intrínseca, 2019.

[26] Clarice Lispector, *La hora de la estrella*, Buenos Aires: Corregidor, 2011. [Ed. bras.: *A hora da estrela*, Rio de Janeiro: Rocco, 2020.]

[27] Clarice Lispector, op. cit.

PARTE II

SILÊNCIO, EXÍLIO E ASTÚCIA

"Antes, em torno de um artista, havia uma conspiração do silêncio; hoje, em torno do artista, há uma conspiração do barulho. E se pode sair do silêncio graças ao barulho, mas é menos fácil sair do barulho se não for por meio do silêncio."

Jean Cocteau

O chocolate mais caro do mundo e eu

Daqui a alguns dias vou ficar triste, mas, como ainda não sei disso, continuo retocando minha maquiagem no espelho. Gosto de hotéis. Faço tudo o que não faço em casa: passo as roupas que amassaram na mala, uso touca de banho, experimento cremes com cheiro horrível e que não hidratam nada. Se houver piscina, sauna ou *fitness center*, não vou embora sem experimentá-los. No Hotel Bicentenario, em Bogotá, não há. Não faz mal. Com as entrevistas para a imprensa e os encontros que a prefeitura marcou para mim, mal terei tempo de comer e dormir. Como também não sei, passo mais de quinze minutos cobrindo minhas olheiras com corretivo e cumprindo a obrigação de ser jovem e simpática aos quarenta e sete.

Entrar em um quarto de hotel é uma licença para ser outra pessoa. No aposento que abrigou mil sonhos antes do meu, tudo é permitido, até a dar rédea solta à tonta que sou e experimentar a beleza como imagino que outras mulheres, as esplêndidas, fazem todos os dias.

Durante minha adolescência, imaginei que ser escritora te isentava da obrigação da beleza. Quando descobri que aquilo também era uma armadilha patriarcal, me rebelei, li todos os exemplares da *Glamour* que caíram em minhas mãos, fiz um esforço para desmistificar o estereótipo. Mas há rebeliões que se tornam aliadas do patriarcado, que sempre tem maneiras de se regenerar e te fazer cair na armadilha: agora acontece que já não se pode mais ser a feia esperta nem a reclusa do sótão. Não basta escrever romances. Nem importa que ele seja bom. É preciso ser linda, brilhante, simpática, capaz de aparecer na TV e gerar seguidores nas redes sociais, de citar Borges e Judith Butler — se possível na mesma frase em que dá sua opinião sobre política externa e "o destino da América Latina". Se, além de tudo isso, você tiver filhos, tanto melhor, para que não haja suspeita de ressentimento nem de "mas" que avisem que os cinco livros que você publicou estão no lugar das crianças; e mais, provavelmente só aconteceram graças à sua ausência: assim mesmo.

"Como você faz para ser convidada para todos os lugares?", uma garota que acabara de publicar seu primeiro romance me perguntou há alguns dias. Ir a Bogotá para escrever uma crônica sobre a cidade lhe parecia o suprassumo do *cool* ("cool", em outra oportunidade vou escrever sobre esse fantasma que, pelo menos, também afeta os homens). Voltando à menina: acho que ela esperava que eu lhe desse *tips*, contatos, maneiras de viajar com tudo pago graças à escrita. Não tenho nada disso, então respondi que para mim é um trabalho, não uma viagem de prazer. Quando digo "trabalho", digo "remunerado" e digo "esforço". De resto, não sei por que as coisas que acontecem comigo acontecem comigo ou por que sou convocada para esse tipo de tarefa (na verdade, sempre desconfio que me convidam para cumprir a cota de gênero ou porque alguém cancelou de última hora). Não tenho nenhum conselho para dar. Em vez disso, tenho uma advertência, que agora repito para mim mesma neste quarto de hotel: nunca é *apenas* um trabalho.

Faz frio em Bogotá, não há aquecimento no hotel, passei a noite vomitando por causa do mal de altitude, não dormi mais do que umas três horas enrolada em dois cobertores, vestida com meias, calças e o único suéter que trouxe. Minha cabeça dói, estou morrendo de vontade de tomar um café e desejo com todo o meu corpo ser outra pessoa. Ou, pelo menos, ser a adolescente que eu era: a menina que não conseguia conceber uma felicidade que não tivesse a ver com um livro e que ria de suas colegas escravizadas por bronzeamento, dietas, permanentes e namorados ocasionais. Quão mais livre era aquela que nada conseguira. O fracasso era sua força. E aos dezesseis anos já a tornara inexpugnável.

Mas, como ganhei alguns prêmios literários, já aprendi que não se pode reclamar do "sucesso", então: *showtime*. Termino minha maquiagem. Levanto a cortina blackout e olho pela janela. Está chovendo em Bogotá. Não é uma daquelas chuvas divertidas para pular poças e rir com as amigas. Está chovendo a cântaros. Olho para a agenda que me enviaram no celular: felizmente hoje só há uma leitura naquilo que suponho ser uma biblioteca de bairro (diz "Ponto de Leitura"). Gosto dessas atividades, elas são a melhor parte desses tours: encontrar leitores, corações que ainda memorizam as frases que os tocaram, ideias, passagens de seus livros favoritos.

É hora de se vestir rapidamente. Meu estômago dói. Experimento uma calça atrás da outra, mas não adianta: parece que roubei a mala de uma mulher pelo menos seis quilos mais magra. Me decido por meia-calça e saia. Outro erro (vou descobrir em breve). Agora não consigo ficar pensando no meu guarda-roupa porque o telefone toca. Tinha me esquecido: estava na agenda uma entrevista de rádio às 7h30. Ao vivo. O produtor me lembra disso, e rapidamente me põe "no ar".

Escuto por alguns segundos o jornalista que está terminando de opinar sobre uma notícia na qual não consigo me concentrar. Depois de uma miniapresentação em que diz que escrevo livros e sou argentina, pergunta-me o que mais gosto em Bogotá.

— Não sei, cheguei ontem à noite — respondo, tentando ganhar tempo e controlar o ponto que intermitentemente bate na minha cabeça, como um batimento cardíaco.

Estive duas vezes antes em Bogotá; neste mesmo ano, 2019, para a Filbo, e em 2016, visitando uma amiga antes de partir para a ilha de Providência. Tento lembrar o que vi na época, pensar em algo a dizer, mas esta é a única coisa que pesca meu cérebro atordoado pelos 2.600 metros acima do nível do mar: Bogotá é suja, o ar é sempre insuficiente, a gente se cansa. O TransMilenio parece um organismo moribundo e maligno que a atravessa como uma cicatriz. As pessoas vivem sob suas plataformas, eu as vi sair à noite. Sei que são chamados de "moradores de rua". São quase sempre homens barbudos, sem dentes, esfarrapados, fora do mundo, viciados em cocaína.

Não, não posso dizer isso.

Falo da Filbo, do número impressionante de jovens leitores que vi, do entusiasmo do público nas palestras, do meu amor pela comida colombiana e pelas praças do mercado — meus lugares favoritos na cidade, onde a vida e a morte são exibidas sem drama. Não é suficiente. O jornalista insiste. Meu cérebro fica recalculando, grogue. La Macarena, onde você pode respirar ar puro, mesmo que venha atrelado à gentrificação que já está chegando ao bairro vizinho, La Perseverancia. É lá que mora minha amiga. Penso nela, e ela é toda a Colômbia para mim: a comida deliciosa que prepara, aquela curiosa mistura de estoicismo e transbordamento emocional que a caracteriza, sua casa arrumada e cheia de luz, aberta a quem precisar. Mas minha amiga é da zona cafeeira no norte do país, nasceu em Valle del Cauca e se mudou para Bogotá quando terminou o ensino médio. Não tem nada a ver com essa cidade melancólica, então também não posso dizer nada disso.

Então tento o lugar-comum. Faço uma piada sobre os engarrafamentos. Não que eu me importe muito com eles, mas é uma das poucas estatísticas que li antes de vir: Bogotá é a número um na lista de cidades com o pior trânsito do mundo.

O jornalista não acha engraçado. Ele me pergunta como é o trânsito em Buenos Aires. Passamos vários segundos enredados no absurdo de discutir o traçado das duas cidades. Acabo falando sobre as vantagens de morar em uma cidade plana quando eu realmente amo as montanhas. Desligo. Sinto-me uma idiota. Minha cabeça dói e meu estômago está revirado. Me avisaram pelo WhatsApp que meu guia chegou para me buscar. Mal tenho tempo de tomar um café e tentar não o vomitar no caminho.

Dois dias depois, Rayo Beat e eu estamos na sala de espera de uma emissora de TV. Para chegar lá, viajamos duas horas de carro e passamos por inúmeros controles de segurança. Outra constante em Bogotá: câmeras e agentes de vigilância em cada prédio.

Rayo Beat é minha salvação nestes dias. É um menino loiro, luminoso como o nome que escolheu para fazer música, com o qual compõe e executa canções, especialmente cúmbia e reggaeton com letras antipatriarcais, tentando devolver alguma dignidade a esses ritmos. Com outros nomes, dá palestras sobre masculinidades alternativas e formas de prevenção de doenças sexuais, escreve poesia, cria gatos e trabalha como guia de escritores para o programa *Bogotá contada*. Eu gosto do Rayo. Ele termina muitas de suas frases com "que coisa boa". Não fica chateado com nada, nem mesmo com meus chiliques. Tal como Fernando Pessoa, decidiu ser plural.

Já se passou meia hora desde que estamos esperando para ser entrevistados ao vivo para o *Flash Fashion*. Se o nome do programa já me parecia perturbador, pior é sua apresentação na web: "A moda e seu impacto na sociedade, os mais destacados designers e eventos, as novas tendências e as críticas mordazes ao mundo das passarelas, bem como personagens que se destacam por impor novos estilos de vida." Será que os produtores acham que eu sou um desses personagens? Por que a assessoria de imprensa agendou essa matéria? E, sobretudo, como conseguiram convencer os apresentadores a entrevistar alguém que, se pudesse, viveria de pijama, trancada em casa e com fones de ouvido para bloquear os barulhos do mundo?

Tudo é branco na sala de espera. Os assentos, as paredes, o chão. Há uma tela enorme sem som na qual se podem ver as imagens do canal em que estamos. Rayo e eu nos sentamos um de frente para o outro. Há um jovem com um violão no ombro à espera da sua vez. Ele está acompanhado da namorada. Eles parecem felizes por estarem na TV. Depois de um tempo, uma garota de saia esmeralda passa apressada. Ela parece uma fada. Chamam o casal, que entra no estúdio.

— Que saia linda — comenta Rayo assim que a fada desaparece por outra porta.

— Sim, pena que você tem que ser muito magra para vestir uma dessas.

Minha réplica não é tanto sobre a menina, mas sobre mim mesma. Outra armadilha de época: "Você será autorreferencial ou não será nada."

— Putz, eu achava que qualquer um podia usar saia.

Rayo me diz isso com sua melhor cara de *millennial* inocente, sem intenção de dar sermão, mas eu ainda assim aceito a lição, e rio. "Será que na Colômbia há menos pressão para que nossos corpos sejam perfeitos?", penso. Descarto imediatamente a ideia porque a produtora do programa chega para nos procurar e tanto ela quanto os dois apresentadores são perfeitos: altos, magros, com toneladas de maquiagem e décadas de academia. Eles são treinados para falar e sorrir sem mover nenhum músculo do rosto. A produtora nos faz um sinal de silêncio, e ficamos em um canto do estúdio a ouvir os dois apresentadores — um homem e uma mulher que poderiam facilmente encarnar Barbie e Ken — terminarem um bloco sobre "o chocolate mais caro do mundo". Depois venho com meu livro. Subo ao palco durante os comerciais. Eles me sentam em um banquinho entre os dois, mal dá tempo de nos cumprimentarmos e estamos de volta ao vivo.

Faço o que posso, e o que posso é vergonhoso. Dou risada com eles das suas piadas fáceis (o amor é sempre uma catástrofe?), respondo com o mínimo possível, vejo que mesmo assim, sete anos depois, ainda sou apresentada como "a primeira mulher a ganhar o prêmio Tusquets", uma estatística que a imprensa continua a usar como se fosse prova de um feito inconcebível, como se eu fosse o equivalente ao primeiro astronauta a pisar em Marte, um feito nunca repetido ou repetível, que parece implicar um único reinado, que outras mulheres não conseguirão tão facilmente (as escritoras são coroadas, os escritores são entrevistados). Outra das armadilhas de que não é bom se queixar, pelo contrário: supõe-se que se deve agradecer que o público seja lembrado do valor agregado que implica ter uma vagina se você escreve livros.

Saio do palco, desolada. Rayo tenta me consolar dizendo que o programa tem uma audiência enorme. Olho para ele ainda mais horrorizada. Ele ri. Na volta, pedimos ao motorista que nos deixe longe do hotel, na avenida Séptima, para caminhar um pouco. Passeamos entre os vendedores de frutas e bugigangas, entramos no Only no meio de um aguaceiro e compramos roupas íntimas de algodão, camisetas, meias soquete. Mostro-lhe vídeos da Gilda. Conversamos sobre música e poesia. Sobre pais cruéis. Mais tarde, Rayo me leva ao bar da Dona Ceci. Tomamos tequila. Estou feliz pela primeira vez desde que cheguei, embora esteja tão cansada e nauseada quanto no primeiro dia, o dia do evento no Ponto de Leitura no bairro de Rosales, o dia do primeiro de meus chiliques, quando descobri que o evento não era em uma biblioteca, mas em um parque. Chovia muito, eu ainda estava com enjoo, de minissaia, com frio e, quando chegamos à praça, a promotora, que segundo minha agenda ia "conversar" comigo na frente do público, não fora informada do evento. Tive de me sentar diante de um grupo de estranhos e desdobrar minha biografia, minhas razões, meu medo mais antigo, como se fosse um vendedor ambulante. Foi isso que fiz. E sobrevivi. E mais, foi melhor do que eu esperava. Algumas pessoas se aproximaram com seus guarda-chuvas e botas de borracha; eram leitores de Emma Reyes, de Rulfo, de Cortázar. Falei muito sobre as belas memórias de Reyes, sobre o impacto que a leitura teve para mim.[1] Entre os leitores, estava Gloria, uma mulher que notou meu estado lastimável e nos convidou a todos para comer em Las Margaritas. Nunca um ensopado me pareceu tão delicioso. Tinha o gosto do conforto, de estranhos estendendo a mão.

Gloria é jornalista. Durante esse almoço, perguntei-lhe que lugares em Bogotá eu deveria visitar. Sem hesitar, respondeu:

— Ciudad Bolívar. Essas pessoas estão afastadas de tudo. Essas pessoas vivem apenas dentro de sua tristeza.

Então, na volta, pedi aos organizadores que modificassem a agenda para fazer essa visita. Na noite anterior, Rayo e eu bebemos aquelas tequilas, e ele me confessou que também nunca tinha ido àquela parte da cidade. Falamos sobre o que não se fala. Sobre o que não está escrito. No dia seguinte, embarcamos no TransMiCable rumo a Ciudad Bolívar e ouvimos a história de gerações e gerações de pessoas exiladas pelo conflito armado em apenas quatro frases trocadas por uma família que dividia o carrinho conosco. Avô, filha e neta se divertiam tirando *selfies* e fotos das casas abaixo, de seus telhados pintados com grafites para quem olha de cima, como Deus.

Mais um dia, e vou ao bairro de La Perseverancia, onde converso com os três meninos que fundaram o coletivo Cero Reincidencia. Percebo como alguns vizinhos — até a mãe de um deles — os desprezam, negam-lhes o direito de serem outros (um homem chega a me avisar para não caminhar ao lado deles). Mas também conheço um de seus professores, outro vizinho que, além disso, empresta sua casa para as oficinas. Ele os cumprimenta na rua com carinho, marcam um horário para uma aula: a coisa continua. No bairro há um grafite que fica na minha memória: "Isto me faz sentir que como pessoa eu não valho nada, mas decidi que quero não valer nada."

Naquela noite, da Argentina, meu parceiro me disse:

— Em Buenos Aires, você não iria a esses bairros nem a pau.

E ele tem razão. Então, agora, de volta desses lugares, percebo que não posso escrever sobre eles. Quem sou eu para fazê-lo? Só porque publiquei alguns livros? Não quero ser uma espécie de predadora cultural, uma usurpadora. Então, ofereço-lhes a única coisa que posso: o contrato cumprido, o eu mais ou menos exposto para consumo.

Meu problema é a honestidade. Dizer a verdade, ser autêntica, não me tornar um personagem de mim mesma: essas armadilhas. Mas depois me lembro de que não prometi honestidade. Prometi outras coisas. Ir a todas as entrevistas à imprensa e a todos os eventos. Permitir que minha condição de mulher seja destacada antes da de romancista. Ser jovial, simpática e complacente, não importa minha idade, meu estado de saúde ou meu humor. E até (oh, Fernando, oh, Clarice) prometi escrever um texto de doze mil caracteres sobre uma cidade inteira.

A tristeza, claro, é toda minha. Escrevo sobre ela, sobre esse raro momento no mundo em que ser escritora significa tudo isso.

[1] A autora refere-se às cartas nas quais a artista plástica colombiana Emma Reyes (1919-2003) relata sua infância ao amigo Germán Arciniegas. No Brasil, elas foram reunidas sob o título *Memória por correspondência* (trad. Hildegard Feist, São Paulo: Companhia das Letras, 2016). (N.E.)

A obrigação de ser genial

"Cuidado! No país mais antigo do século,
a melhor coisa que pode
lhe acontecer é ser ignorada.
Antecipe-se a eles: elimine-se a si mesma."
María Negroni, *Objeto Satie*

LINGUAGEM E SEGREDO

Tornei-me escritora aos oito anos, em um dia em que estava voltando da escola e alguns versos começaram a se formar em minha cabeça. Era como se eu tivesse sido tocada por um raio de sol. Não, na verdade era como se eu tivesse sido a primeira pessoa no mundo a ser tocada por um raio de sol. Entrei em casa correndo, sem cumprimentar ninguém, para anotar as frases antes que elas me escapassem. Lembro-me dos meus garranchos, do lápis pressionando a página com muita força, do medo de esquecer o que acabara de encontrar, do salto no peito quando senti a queda de uma frase em outra que magicamente aparecia. Eu tinha acabado de descobrir que as palavras tinham música, podiam se tocar, se chamar, se repelir ou ignorar umas às outras sem que realmente importasse o que elas comunicavam. Ou melhor, fazendo algo que não tem nada a ver com comunicar. Quando terminei de escrever, tinha um "poema" e estava certa de que havia encontrado um tesouro. Daquele dia em diante, eu não queria fazer nada além disso.

No entanto, quando me perguntam quando ou como comecei a escrever, nunca conto essa lembrança porque a verdade — aquilo em que se acredita, o mito do nascimento — é sempre intransferível. E em uma época que tenta nos convencer do contrário, ainda acredito no direito de ter segredos. Respondo outras coisas, complacentes, que me afastam desse centro criativo. Além disso, sei que, quando se faz essa pergunta, não se espera uma resposta honesta, mas leituras, professores, traumas, receitas (sempre há um pouco disso). Então aí vai a receita, pelo menos.

COMO SE TORNAR ESCRITORA

O que é necessário para ser escritora? Além do amor pela dificuldade, disciplina e todos esses lugares-comuns que digo em entrevistas para não falar da verdade — que não é o que me perguntam —, o que funciona melhor é muita gente dizendo para você fazer outra coisa. Para mim, pelo menos, funcionou desde criança.

Alguns anos depois da minha "conversão", quando eu tinha doze anos, insisti tanto em aprender inglês que minha mãe me levou para ver uma velha senhorita inglesa que tinha uma escola em sua casa. Antes de aceitar novos alunos, Miss Mary os entrevistava sozinha. Para mim, ela fez a típica pergunta que toda menina odeia: "O que você quer ser quando crescer?" Ainda me admiro por ter conseguido lhe dizer que queria ser escritora (eu já escrevia, claro, mas felizmente me abstive de declarar).

Miss Mary olhou para mim com cara de ter chupado um limão.

— Escritora? — ela repetiu. — Mas sobre o que você vai escrever? Para escrever é preciso viajar, viver, ver o mundo. Em vez disso, estude algo útil, como publicidade.

Para além do imaginário oitocentista e classista de Miss Mary — em que os escritores, e mais ainda as escritoras, eram pessoas endinheiradas, com tempo para viajar pelo mundo e se dedicar a contá-lo —, essa exclusão se transformou para mim em uma revelação precoce: eu tinha nascido no lugar errado, com um nome inconveniente e uma vontade risível de participar de uma festa para a qual não havia sido convidada.

Na verdade, o problema era que meu desejo não era apenas risível: era uma afronta, me tornava atrevida, deslocada, sem noção ("sem noção", ou *desubicada*, uma ótima expressão que nós, argentinos, usamos para "pôr as pessoas em seu lugar"). Dos doze anos até hoje, não deixo de conhecer pessoas que tentam "me pôr no meu lugar". A cena se repete várias vezes, e toda escritora devia estar preparada para ela, pois pertence a uma luta muito antiga. É inacreditável, mas toda geração tem que recontá-la. Margaret Atwood faz isso em um ensaio[1] que toma seu título de um livro de Alice Munro: *Quem você pensa que é?* Nesse conto de Munro, Rose, uma adolescente com talento para atuar, responde à tarefa de copiar e memorizar um poema recitando-o de imediato sem a necessidade de copiá-lo. A professora a castiga por não seguir todos os passos do exercício: Rose fica depois da aula para copiar cada verso três vezes. "Você não pode passar pelo mundo achando que é melhor do que todo mundo só porque consegue decorar um poema. Quem você pensa que é?", diz a professora.

Atwood toma essa cena e o título da história como um símbolo da reação do mundo a qualquer artista. Rose é castigada por se destacar, por pensar "que pode escapar do rebanho de pessoas comuns só porque consegue fazer algo engenhoso e inconsequente que a maioria das pessoas não pode fazer".[2] Mais tarde, argumenta: "a atitude da professora é a que todos os artistas do Ocidente, mas especialmente os de lugares pequenos e provincianos, tiveram de enfrentar nos últimos duzentos anos."[3]

Cito o ensaio de Atwood porque me parece que nessa atitude estão condensadas várias das censuras que um escritor enfrenta: costuma-se censurar (minimizar) o talento, a habilidade ou o engenho (não é muito popular falar sobre isso hoje em dia, e mesmo assim continua a atravessar a discussão); o problema de classe (que fica claro no meu encontro com Miss Mary: "viver e ver o mundo" era algo que ela achava que eu não seria capaz de fazer, sendo, como era, de uma classe que tem de trabalhar para viver), o problema da colonialidade e o problema de gênero. A essa lista devemos acrescentar o "politicamente correto", uma verdadeira praga do pensamento nas últimas décadas que age de forma imprevisível e perigosa, especialmente quando funciona como autocensura.

Os dois primeiros obstáculos (assim como o quinto, o do "politicamente correto") dizem respeito a qualquer escritor em qualquer lugar do mundo, o terceiro a homens e mulheres em qualquer país periférico (é o que está por trás da velha oposição entre "o local e o universal"), e o quarto é o centro do que estou tentando pensar. Só que, para mim, não dá para pensar no problema da censura de gênero sem pensar nos outros modos de censura que operam ou podem operar simultaneamente.

O ensaio de Atwood faz parte de uma genealogia, me permite entender minha história pessoal como parte de uma história maior, a da luta das escritoras ao redor do mundo. Portanto, o que estou escrevendo agora não é (ou não é apenas) uma forma de autobiografia. Estou tentando entender uma forma de escrever que me marcou ao longo da vida e que talvez tenha marcado outras.

Passaram-se muitos anos — décadas — até que eu entendesse no episódio da professora de inglês não uma exclusão, mas uma afirmação do meu desejo de ser na palavra escrita:

escrever é, acima de tudo, ser uma deslocada. É preciso abraçar essa qualidade, torná-la própria, construir(-se) uma poética nela. Quando voltei da entrevista com Miss Mary, disse à minha mãe que tinha pensado melhor e que não queria ter aulas com aquela senhora. A partir desse dia, dediquei-me a aprender inglês sozinha, munida de um dicionário bilíngue e de um livro de contos de Edgar Allan Poe. Também tive mais cuidado em declarar o que fazia: comecei a ler e escrever às escondidas, no escuro, à noite (escrevo assim até hoje, com ansiedade, por pouco tempo e com intensidade e concentração exaustivas, como se estivesse cometendo um crime).

COMO SER UMA DESLOCADA

Cada escritora encontrará suas próprias maneiras de se deslocar, de se perder na linguagem. São muitas, tantas quantas são as autoras e as poéticas. Vou me debruçar sobre as minhas porque acho que pode haver alguns pontos em comum com as formas das outras. Pelo menos sei que os modos que escolhi aos doze anos me marcaram mais do que todos os meus anos de educação formal e tanto quanto minhas leituras.

Primeiro deslocamento: acreditar que eu podia aprender sozinha uma língua estrangeira, por puro esforço e dedicação. Seguir outro caminho, pular etapas, instituições. Enganar. Ser meu próprio professor, aprender quase por osmose: ler os mestres de forma esotérica, como se uma língua inteira, todo um cosmos, todo um domínio do mundo coubesse em um único livro.

Segundo deslocamento: dedicar tempo e força vital a algo inútil no seio de uma família que só valorizava o trabalho remunerado.

Terceiro, e mais importante porque inclui os outros dois: o segredo, a escrita (e a leitura) como crime, como algo a esconder.

Essas três formas de ser deslocada foram moldando um modo de ser e de fazer: a escrita como segredo. "Segredo" em seu duplo sentido, pois, para esconder algo, primeiro temos de separá-lo do mundo. Isso — excluir-se do mundo — é o que todo escritor faz, e a exclusão (a busca pela solidão) é sempre suspeita, especialmente hoje, quando a demanda por comunicação e participação é tão extrema. Nesse afastar-se, também cabem os modos particulares pelos quais a exclusão se traduz em uma práxis, uma poética própria. E aí o segredo encontra seu segundo sentido, a escrita como algo escondido, privado, encoberto, algo que em princípio é de uma e para uma, algo em que se codifica um desejo profundo de desaparecer, de não ser descoberta, de não ser compreendida.

ESCRITA E SEGREDO

No desejo de outra língua, já existe o desejo de ser outra, de habitar outra linguagem, de encontrar nela uma chave para a porta fechada: a permissão para a invenção. Falar uma língua estrangeira já é ser uma escritora de ficção. É uma locomoção, um deslocamento permanente. Somos sempre outra pessoa em outra língua, e isso tem um componente lúdico semelhante ao da ficção (também tem um componente doloroso e irônico, sobretudo quando se vive nessa língua como estrangeira há algum tempo). Mas também naquele esforço infantil de aprender inglês (ninguém na minha casa falava essa língua) havia uma intuição do que significa ser uma leitora e escritora em um país como a Argentina, uma compreensão de como o sistema de honras e privilégios funcionava em nível global. A língua desejada era a língua do poder que movia (e move) o mundo e na qual fomos convencidos de que ocorre a "grande literatura".

Falar uma língua estrangeira é também aceitar a arbitrariedade, a contingência, a qualidade de matéria da língua nativa. Essa outra linguagem fantasmagórica acaba mostrando a própria com uma nova beleza. Não consigo pensar em um treinamento melhor para alguém que quer ser na linguagem, fazer dela seu segredo. Falar, ler — escrever, se possível — em outra língua é livrar-se daquelas crostas que a própria língua esconde, encontrar nela as palavras que, como um abracadabra, significam aquilo que nem conhecíamos até o momento de nomeá-lo.

Por outro lado, a inutilidade da escrita diante de tudo o mais (o mundo do trabalho, do mercado, da família) é a primeira coisa que uma escritora entende e deve defender ao longo da vida. Não se pode escrever de outra maneira que não seja como um deleite, um desperdício, um esforço inútil para qualquer outra coisa que não seja o próprio deleite. É esse gesto que tanto incomoda o mundo, e pareceria uma vã tentativa de se destacar, de se libertar de um jugo (e é). Como cada escritor resolve esse deslocamento, esse "estar fora" em que sua vida está em jogo, vai depender de suas possibilidades e de suas convicções. Para aqueles de nós que não nascemos em uma classe para a qual viver é "viajar e ver o mundo", a escrita será sempre um modo de resistência que terá de ser sustentado diante de todos os embates desse mundo, incluindo o momento "glorioso" da publicação.

"Viver, viajar e ver o mundo", os verbos que Miss Mary reservava ao escritor, parecem-me hoje uma seleção perfeita sobre a qual se poderiam escrever muitas páginas. É preciso viver para escrever, ou seja, "viver" não é o que fazem aqueles que trabalham como assalariados: "viver" é o oposto de trabalhar (nisso poderíamos concordar com Miss Mary), e os exemplos dos escritores que roubavam tempo — do escritório, da sala de aula ou do jornal — são inúmeros. Muitos fizeram disso o centro de sua poética, de sua narrativa, de sua autobiografia (Kafka, Pessoa, Storni, Pizarnik). Você tem de viver para escrever, para fazer da escrita a coisa mais importante da vida. Ganhar a vida na escrita ou perdê-la em todo o resto. Mas também na frase da senhorita inglesa há um pressuposto básico sobre os temas da literatura. Para esse pensamento, toda escrita é necessariamente escrita de si: escreve-se sobre o que se viveu, o que se viu no vasto mundo pelo qual se caminhou graças às vantagens da educação, do dinheiro etc. Para além do elemento classista, essa ideia ainda é válida no estranho privilégio dado hoje à escrita autobiográfica. Há nessa frase uma negação da invenção, como se escrever algo que vem da imaginação fosse trivial, enganoso, fraudulento: sem valor. Esta é outra das maneiras pelas quais é necessário afirmar a escrita como inutilidade: guardar, alimentar e proteger o que nela há da própria imaginação que é, na realidade, mais singular do que "o vivido". Ninguém compartilha meus sonhos, por mais que a psicanálise se empenhe.

Mas não é preciso sair da literatura para encontrar argumentos que refutem o preconceito de Miss Mary (que é o mesmo que reaparece toda vez que alguém repete a bobagem de "escreva sobre o que você sabe"). As irmãs Brontë viviam em reclusão em uma casa com as janelas abertas para um cemitério. E isso não as impediu de escrever romances bonitos, turbulentos e duradouros. Qualquer escritora de ficção sabe disto: só vemos o mundo quando o imaginamos, só então podemos escrevê-lo.

Em toda escrita de ficção, há uma negação do eu ou, pelo menos, um afastamento. Escrever é sair de si, deslocar-se.

Excluir-se. A pulsão de inventar é a de ser outros, a ambição de ser múltiplo. Inventar tem um componente de ousadia prometeica que as crianças entendem muito bem (há uma razão pela qual muitos de seus jogos de invenção são jogados às escondidas e em voz baixa, sozinhos com aquelas testemunhas mudas que são os bonecos). Quão mais importante é o segredo se ele estiver escrito. Logo se descobre que o jogo que está escrito nunca é o mesmo que é jogado. Mas tentamos mesmo assim. Oculta-se o jogo em um texto para preservá-lo (do esquecimento, do medo, de si mesma), e nesse ocultamento aparece algo diferente.

Fazer as coisas com palavras é uma proeza, "engenhosa e intranscendente", mas uma proeza mesmo assim. Escrever é, enquanto durar aquele momento maravilhoso do raio de sol, ainda um tesouro. E se caísse em mãos erradas? Deve ser protegido, porque nada é tão frágil como o que se faz com palavras. Ler, escrever é prestar-se a um jogo muito íntimo, íntimo demais para a luz do dia. O mundo desconfia (e com razão) de quem se atreve a pôr por escrito suas fantasias. Só pode ser um louco ou um gênio (há uma razão pela qual essas figuras sempre tentaram combinar umas com as outras como dois lados de uma moeda que só cai aleatoriamente de um lado ou de outro).

Para uma mulher que escreve, o segredo pode assumir outros significados. Pode ser um modo de sobrevivência, o único, talvez, em que o jogo pode ocorrer; pode ser uma estratégia, a astúcia do animal que brinca de se fazer de inofensivo; pode ser (muitas vezes é) a renúncia de participar de uma festa para a qual você sabe que não foi convidada, mesmo que agora esteja na moda fazer convites para cumprir cotas de gênero (fazer a própria festa, isso sim é que é viver na escrita).

O que me leva a uma intuição ainda mais velada em minha consciência precoce da escrita como algo proibido. Qualquer mulher da minha geração que tenha estado na escola, mesmo que não se dedique a contar histórias, sabe disto: escrever é algo que os homens fazem, dado que o cânone a que foi exposta como leitora confirmou isso inúmeras vezes. Não só isso: os protagonistas das histórias que vale a pena contar, os "heróis" em outros discursos fora do literário, são em sua maioria homens. O masculino é o sujeito social por excelência e, portanto, o papel "a ser desejado", inatingível desde seu próprio ponto de partida. Para uma mulher, escrever é se apropriar desse sujeito, e essa apropriação tem um alto custo. É um deslocamento extremo. Uma transgressão, uma espécie de *crossdressing*, o cúmulo do "quem você pensa que é?". Não estou dizendo nada de novo. De Virginia Woolf até hoje, nós mulheres não paramos de apontar e pensar sobre essa questão. De livros anônimos escritos por mulheres e autores com pseudônimos masculinos a aquelas que foram vistas ou julgadas como meros satélites dos maridos, amigos, amantes ou companheiros de grupo literário, é uma história que o feminismo vem contando há décadas. Poderíamos pensar que as coisas estão mudadas hoje, mas não estão. Ou pelo menos não o suficiente. Parece que é preciso continuar escrevendo essa história. Às vezes tudo muda para que tudo possa permanecer igual.

Demorou muitos anos (e muitas conversas com amigas escritoras) para que eu percebesse que essa maneira de escrever — ser profunda, íntima, uma deslocada —, que eu vivia como uma história pessoal e singular, é na verdade a história de qualquer mulher que escreve. Quanto mais cedo uma escritora entender isso, mais esse deslocamento será transformado em força, ousadia, originalidade. E mais forte se levantarão ao seu redor vozes masculinas e femininas que tentarão pôr essa mulher em seu lugar, porque essa é a primeira coisa que o campo cultural faz. "Pôr uma escritora no lugar dela" tem, como veremos, muitos significados, muitas práticas. Deve-se estar preparada para elas.

FORMAS DE PÔR UMA ESCRITORA NO LUGAR DELA

Situar um escritor em uma tradição com base na leitura de seus livros, armar genealogias, filiações, contraposições em que seus textos dialogam com os de outros é o que a crítica faz, é o funcionamento "natural" do campo literário. Em suma: ler. Claro, não é a essa localização que estou me referindo quando falo em "pôr uma escritora no lugar dela". Refiro-me a práticas — conscientes ou não — que visam minimizar, invisibilizar e, em última instância, suprimir a escrita das mulheres. São as que Joanna Russ expôs em 1983.[4] Muitas ainda hoje seguem vigentes, embora talvez menos óbvias.[5] Escrito com humor, inteligência e paixão, o livro de Russ é uma exposição dessas práticas, documentadas com exemplos avassaladores para o mundo da literatura de língua inglesa. Não conheço nenhum livro semelhante para o mundo hispano-americano, mas é óbvio para qualquer leitor que esses mecanismos atuam da mesma forma em nosso campo literário.

Das práticas que essa autora expõe, há duas que me parecem particularmente atuais. Talvez por serem as mais sub-reptícias, conseguiram sobreviver a tantas décadas de luta feminista e se acomodaram melhor à adoção no campo literário de algumas das palavras de ordem dessa luta. São práticas que podem ser bem disfarçadas de politicamente correto. Uma delas é o duplo padrão, a outra é a anomalia. O duplo padrão (julgar com critérios diferentes as obras de autores e de autoras) pode funcionar como determinados rótulos de conteúdo. Refiro-me à leitura da obra das mulheres relegando-as a esferas "particulares", negando o que nelas pode haver de reflexão sobre a condição humana em geral. As formas desse rótulo variam, mas não a segregação: literatura feminina, cor-de-rosa, doméstica, íntima, confessional, visceral, lírica, sensível. Inclusive agora: feminista. Essa prática também tem sua contrapartida: penalizar com críticas negativas os livros de autoras que "se atrevem" a transgredir essas esferas. O duplo padrão também se refere ao juízo que é proferido sobre a qualidade da redação. Não estou interessada em fazer uma estatística, mas como leitora de resenhas tenho a intuição de que é mais comum ver livros de mulheres classificados com termos condescendentes como "bem-feito" ou "bem escrito", enquanto livros de homens nem precisam ser avaliados: são simplesmente "lidos".

A outra prática que me parece vigente é a "anormalização": sustentar que a obra de determinada autora é uma exceção (à regra tácita de que as mulheres geralmente não produzem obras interessantes) ou que a própria autora é excêntrica, anômala, "não feminina" e, portanto, interessante. Para as argentinas, a primeira recepção da obra de Silvina Ocampo é o exemplo paradigmático dessas práticas, assim como de outras, como a "falsa categorização", que nem pelo fato de ser evidente foi superada: ainda hoje parece impossível para os comentaristas escrever algo sobre ela sem falar de Bioy ou Borges.

Um bom exemplo dessa recepção da obra de Silvina Ocampo é a resenha de *A fúria*[6] publicada por Abelardo Castillo em 1960. O texto é de uma espantosa transparência patriarcal e para analisar seus mecanismos seria necessário um ensaio à parte, mas contento-me em apontar algumas de suas apreciações que refletem várias das práticas que Russ analisa. Lidas hoje em dia, só conspurcam o resenhista e, para ser honesta, causam um pouco de graça. Segundo Castillo, o livro de Silvina é composto por "versões delicadamente femininas" do gênero terror, que não chegam à altura de seus papas — Poe e Quiroga —, e, por isso, a autora comete o pecado do "frívolo draculismo".[7] Em seguida, diz que o estilo de Silvina nada mais é do que "uma constante sombria" e dita que a "artimanha coquetemente divertida produz um tropeço que não é apenas literário, mas de graça suspeita".[8] Seu veredito final é que a autora está abaixo de Borges e Cortázar — embora "a uma desoladora distância" deles —, mas seus contos "são defeituosos como contos".[9]

SER DOSTOIÉVSKI, SER JOYCE!

Foi Ricardo Piglia quem me chamou a atenção para uma frase de Joyce que dá título à segunda parte deste livro. Ele a cita para pensar o lugar do artista deslocado ao ler a obra de Marechal, que, diante da exclusão a que é submetido por causa de sua filiação peronista, vai para o autoexílio. Piglia escreve:

> A chave, no entanto, é a sensação de retiro local dada ao gesto épico e prestigioso do exílio: Marechal se isola por mais de quinze anos em sua casa em Once, na rua Rivadavia, em uma espécie de exílio macedoniano em seu bairro. (*Adán Buenosayres*: a história do artista exilado em seu próprio bairro.)[10]

Lendo esse romance de Marechal, Piglia o categoriza como pertencente à forma "obra-prima", "gênero que, depois de Joyce, tem suas convenções e suas fórmulas e suas linhas temáticas tão definidas e estereotipadas quanto as encontradas, por exemplo, no romance policial".[11] Depois de descrever brevemente essas convenções, Piglia parece descartá-las e ficar apenas com uma característica "técnica" que lhe parece essencial: a "longa duração". Para além de seu formato, "a obra-prima" seria, então, um romance em que o artista investe muitíssimos anos, décadas, se possível uma vida inteira.

Talvez seja desnecessário apontar (mas farei isso, de qualquer modo) que, como costuma acontecer na obra de alguém que é considerado um dos mais importantes críticos argentinos das últimas décadas, não seja citado um único caso de uma obra de tamanha magnitude escrita por uma mulher.[12] Uso a palavra "magnitude" sem inocência: será que, de Goethe a Bolaño, "o romance sem fim" (que, na maioria dos casos, também é avassalador em seu número de páginas) é um empreendimento preferencial de homens? Talvez. No entanto, há livros escritos por mulheres que poderiam muito bem se enquadrar nessa categoria *ad hoc* de "obra à que se dedica toda a vida". A questão é que a "longa duração" temporal não é o que Piglia está realmente pensando, mas um certo efeito, uma certa conquista que se mede apenas em termos de superação de um precedente. Escrever o grande romance significando por isso algo tão literal como a quantidade ou o tamanho (o romance de quinhentas páginas!, o romance que levou trinta anos para escrever!) diz muito sobre a forma como nossas sociedades continuam a definir não o que é uma "obra-prima", mas o que é um romance e quem pode ser chamado de romancista.

Eu nem mesmo acho que as anotações de Piglia sobre a "obra-prima" como gênero devam ser levadas muito a sério.[13] A própria ideia parece obsoleta — quase medieval — e diz respeito à crítica e ao funcionamento do sistema de privilégios e honrarias no campo artístico. O termo vem dos ofícios. Produzir uma *masterpiece* era originalmente passar em um exame, receber o título de professor, enfrentar (e obter o beneplácito de) um grupo de avaliadores. Não nos diz nada sobre a obra em si, exceto que é boa o suficiente para passar nesse teste. Como tal, essa obra é um exercício virtuoso de um gênero, não sua ruptura. Uma obra-prima é aquela que leva esse gênero à perfeição máxima ou, em outras palavras, que respeita suas convenções tanto quanto possível.

Não estou tão interessada na elaboração de Piglia, mas em uma ideia esboçada muito de passagem e que ilumina de maneiras inesperadas o que escrevi até agora. Sempre se referindo a Marechal (e, através dele, a outros homens), escreve: "A ambição desmedida como recurso defensivo. Nisso Marechal era igual a Arlt (Ser Dostoiévski! Ser Joyce!). A obrigação de ser genial é a resposta ao lugar inferior, à posição deslocada."[14]

Nessa frase, a ideia da obra-prima como gênero é abandonada, e a ambição é falada não em relação à obra, ao texto em si, mas de forma literal e (infelizmente) demasiado transparente a uma competição entre homens. O que diz — mais uma vez — o que significa ser romancista para os críticos e como medir a "envergadura" de alguém. Tudo isso me remete ao tema central destas notas: estar excluída por *default* dessa medida viril pode ser uma vantagem. Desconfio que nenhuma escritora jamais quis "ser" Joyce ou Dostoiévski, mas pode ter havido alguma com o desejo de escrever algo próximo, e ao mesmo tempo inevitavelmente diferente, de *Ulysses* ou *Os demônios*.

A OBRIGAÇÃO DE SER GENIAL

"A obrigação de ser genial é a resposta ao lugar inferior, à posição deslocada." Acho essa declaração de Piglia brilhante. A obra escrita em reclusão e em exclusão se torna rarefeita, ensimesmada de tal forma que só pode ser única. A resposta do escritor excluído é de extrema originalidade, excentricidade. Sua obra é incompreensível para quem a olha a partir do centro. Assim, a obra secreta esconde sua própria recompensa e talvez uma vingança: o próprio sistema, adaptado a um eu que, no entanto, inclui o universo. Em suma, o trabalho do que em outros tempos foi chamado de "gênio", um termo em que Piglia se detém muito sub-repticiamente e não define nem retoma.

Mas há outra coisa nessa frase: nem todos os escritores homens têm a "obrigação de ser genial", apenas aqueles que, de uma forma ou de outra, foram deslocados ou excluídos, situação em que todas as mulheres escritoras se encontram. O corolário é simples: uma escritora tem sempre a obrigação de ser genial, um escritor pode contentar-se em ser bom, aceitável ou francamente medíocre, porque até a mediocridade lhe renderá um espaço no campo literário, um espaço que já era garantido pelo mero pertencimento a um gênero.

O que nos leva de volta às práticas expostas por Joanna Russ. A genialidade é a resposta favorita do campo literário para dar conta das mulheres escritoras como anomalias ou exceções, convenientemente isoladas em um panorama "naturalmente" masculino. Como aponta Russ, ser classificada como genial também é uma forma de pôr uma escritora em seu lugar (sozinha, isolada, sem antecedentes nem descendentes: uma exceção que confirma a regra). Por outro lado, o gênio (não o talento: talento não basta) é a única resposta aceitável para "quem você pensa que é?"; a única permissão, a única desculpa possível ao ato subversivo da mulher que escreve. Não basta ser boa: é preciso ser genial. A obrigação de ser genial se internaliza então pelo que é: um mandato social, a autoexigência de produzir uma obra extraordinária para que o crime cometido na solidão seja perdoável. Quando se internaliza assim, como mandato, em termos de "quem sou eu para escrever?", ou "quem sou eu para escrever assim?", o genial é a forma mais efetiva de censura para uma escritora, a meta impossível, algo tremendamente nocivo ao trabalho diário de fazer coisas com palavras.

A desconfiança em relação à própria escrita, à importância de seus temas, a certeza de que nada nunca será suficiente predomina, por exemplo, no diário de Alejandra Pizarnik desde a juventude até seus últimos dias. "Quanto ao lindo livrinho, só saberei se posso fazê-lo quando decidir fazê-lo. Na literatura, o talento não prova nada."[15] E:

> Falei das minhas tentativas literárias. Eu sempre vou fazê-las, mas elas nunca vão chegar lá. Nunca vou escrever nada de bom, porque não sou genial. Não quero ser talentosa, ou inteligente, ou estudiosa. Quero ser um gênio! Mas não sou! E aí? Nada. Alejandra, nada![16]

Mas também pode ser outra coisa: o que era para Arlt ou para Marechal. "A ambição excessiva como recurso defensivo", aponta Piglia.[17] "Excessiva para quem?", eu gostaria de perguntar (como e para que a ambição se mede senão para censurá-la?). Por ambição excessiva, Piglia também entende a condição colonial (o escritor argentino se comparando aos "titãs europeus"). Essa visão é a do próprio Arlt, que Piglia cita para depois concluir que "a questão do escritor fracassado" atravessa a literatura argentina. É verdade que a questão do original e da cópia, do centro e da periferia, atravessa nossa literatura desde Sarmiento até os dias atuais, mas formulá-la em termos de ambição excessiva ou fracasso é repetir a visão colonial da própria literatura.

Os termos "ambição" ou "obra-prima" servem apenas ao crítico, nada mais são do que formas de pôr os escritores e, mais frequentemente, as escritoras em seu lugar. Do outro lado, do lado da autora, podem adquirir outro significado e outro valor. A ambição de quem escreve nunca é excessiva. Quem escreve tem o direito e o dever de ser ambicioso. Concentrar-se em sua genialidade, ser profunda e deliberadamente uma deslocada pode ser uma tomada de posição para uma escritora. Fazer de sua exclusão sua estratégia, sua festa, sua astúcia. Quando é abraçado como uma tomada de posição, como uma forma de viver o exterior em termos de liberdade absoluta, de escrever como quiser, de se distanciar do sistema de honras e privilégios, quando é uma maneira de viver profundamente perdida em si mesma, o gênio — que é então reconcentração, ensimesmamento — pode ser muito produtivo (por alguma razão, "gênio" também é sinônimo de caráter). O gênio é alguém que vive a vida à sua maneira, que constrói seu próprio sistema, alguém para quem a escrita não está separada da vida: são a mesma coisa, um cosmos, um sistema particular no qual os outros não têm voz nem voto. É o que Pizarnik consegue nos últimos anos de vida nesses textos tão sexualmente vitais e de um humor tão raro, que foram rejeitados e incompreendidos por seus contemporâneos. Nessa fase de sua obra, sobressai a marca da escritora deslocada que foi, o temperamento ou gênio ("essa loucura de talento", ela aponta em outro lugar) que produz uma obra genial (afinal, esse termo já não significa nada mais do que "pessoal" ou profundamente diferente do sistema que a exclui). Isso não significa que seja uma obra isolada, sem filiações ou genealogias, porque a obra de Silvina Ocampo também é pessoal e única. A de María Negroni, de Beatriz Vignoli, de Esther Cross ou de Fernanda García Lao. Participam, no entanto, de uma mesma conversa.

Às vezes, especialmente quando releio Pizarnik e outras escritoras, pergunto-me se esta — nas sombras, ensimesmada, constantemente duvidando do próprio valor — é a única maneira de escrever. Então, tento imaginar como será escrever do outro lado, lutando apenas com a ansiedade da influência, medindo o tamanho e o poder da minha espada com as de outros heróis que me precederam na batalha, escrever, enfim, querendo ser nada mais do que "Dostoiévski ou Joyce". Acho o exercício divertido e um pouco ridículo, como se fantasiar ou vestir a roupa de outra pessoa, um jogo que eu poderia jogar em algum momento se tivesse tempo de sobra. Mas na obrigação de ser genial raramente há tempo de sobra, por isso volto agora mesmo ao que me ocupa: a ser, uma e outra vez, a primeira pessoa no mundo tocada por um raio de sol.

[1] Margaret Atwood, "Orientation: Who Do You Think You Are?", in *On Writers and Writing*, Londres: Virago, 2003. [Ed. bras.: "Orientação: Quem você pensa que é?", in *Negociando com os mortos: a escritora escreve sobre seus escritos*, trad. Lia Wyler, Rio de Janeiro: Rocco, 2004.]

[2] Idem.

[3] Idem.

[4] Joanna Russ, *How to Suppress Women's Writing*, Austin: University of Texas Press, 1983.

[5] A versão em castelhano desse livro [*How to Suppress Women's Writing*, inédito em português] só apareceu em 2018. Resumo aqui as práticas que a autora analisa: 1. Proibições (talvez a que mais avançou nos últimos anos): consiste em proibir o acesso das mulheres a ferramentas básicas para a escrita. 2. Má-fé: criar e perpetrar sistemas sociais que ignoram ou desvalorizam a escrita feminina. 3. Negação da autoria. 4. Contaminação da autoria. 5. Duplo padrão de conteúdo. 6. Falsa categorização. 7. Isolamento. 8 Anomalização. 9. Carência de modelos. 10. Reações (forçar as mulheres a negarem sua identidade feminina para serem levadas a sério). 11. Estética (popularizar trabalhos estéticos que contenham papéis e caracterizações conspurcadores das mulheres).

[6] Silvina Ocampo, *A fúria*, trad. Livia Deorsola, São Paulo: Companhia das Letras, 2019.

[7] Abelardo Castillo, "Sobre 'La Furia' de Silvina Ocampo", *El grillo de papel*, Buenos Aires, n. 4, 1960.

[8] Idem.

[9] Idem.

[10] Ricardo Piglia, "Notas al margen de un ejemplar de *Adán Buenosayres*", in Leopoldo Marechal, *Adán Buenosayres*, Madri: ALLCA/EDUSP, 1997.

[11] Ricardo Piglia, op. cit.

[12] Eis seus exemplos: "O romancista que sabe esperar. (Joyce trabalhou dezessete anos em *Finnegan's Wake*; Musil, cerca de trinta anos em *O homem sem qualidades*; Lowry, catorze anos em *Debaixo do vulcão*.) O modelo máximo (o modelo argentino da paciência do artista) é, claro, Macedonio Fernández, que começou a escrever o *Museu do romance da Eterna* em 1904 e nunca o terminou, e trabalhou no livro ininterruptamente durante cinquenta anos."

[13] Nem ele mesmo faz isso. No fim, a ideia, na verdade, é dada a ele pelo próprio Marechal via Macedonio Fernández. Com uma distinção importante: Marechal considerava que estava escrevendo um "romance genial" (não uma "obra-prima"), seguindo o preceito de Macedonio, que concebia o romance como aquela forma literária capaz de narrar "um destino completo".

[14] Ricardo Piglia, op. cit.

[15] Alejandra Pizarnik, *Diarios*, Barcelona: Lumen, 2010.

[16] Alejandra Pizarnik, op. cit.

[17] Ricardo Piglia, op. cit.

A língua "equivocada"

1.

Estou sozinha em uma cidade onde os invernos duram cinco meses e a noite chega às quatro horas da tarde. Neva. O homem com quem divido a vida trabalha em turnos de doze horas em um hospital, quase não o vejo. Vou a aulas que falam mais sobre colonialismo, vaidade e sociopolítica do que sobre literatura. Faço pães e bolos como se fosse entrar em um concurso de panificação; leio com desespero. Dificilmente saio de casa, a não ser para ir à biblioteca, de onde sempre volto com mais livros do que planejava. Tenho as obras completas de Henry James e Katherine Mansfield, romances de José Bianco, Manuel Puig, Lezama Lima, María Luisa Bombal, e vários livros de viagem de Sir Richard Burton espalhados como talismãs em minha mesa e no chão de linóleo escuro de meu quarto. Passo muito tempo online. Compro coisas de que não preciso apenas para ter algo a esperar, mesmo que seja um pacote. Assim, no meio da manhã, a campainha toca e... surpresa! Um presente meu para mim. A alegria dura o tempo que levo para descer as escadas e recebê-lo das mãos do carteiro. Uma bolsa de praia, um livro sobre como fazer sua própria horta, sapatos de salto altíssimo, tudo acaba no fundo do armário, onde a vida que terei um dia se acumula e que, garanto a mim mesma, me encontrará preparada. Na verdade, me preparar para ela é a única coisa que faço.

Um dia desço ao porão para lavar minhas roupas e, ao jogá-las na máquina, derramo uma lágrima, depois outra. É meu quarto inverno em Pittsburgh. As pessoas me alertaram sobre esse sentimento. Outros estrangeiros me disseram: faça amigos, pratique esportes, não basta ler e escrever. Se você está sozinha e encerrada no Dia dos Namorados, é muito difícil chegar ao final do semestre. Alguns compraram lâmpadas de vitaminas. Outros formaram pares inconvenientes para contornar essa profecia.

Quem nasceu e viveu a vida toda nessa cidade parece saber o que fazer: se encontra em um bar de karaokê, um dos poucos em que ainda é permitido fumar (tem um nome que lhe cai bem: Nico's Recovery Room). Envoltos em nuvens de tabaco, eles comem asas de frango e bebem canecos e mais canecos de cerveja enquanto se revezam cantando e batendo palmas uns para os outros. Nunca faltam ao trabalho, talvez nem fiquem gripados. Seus filhos continuam indo para a escola em meio a tempestades e ventos gelados (as aulas não são suspensas, aqui nunca há neve suficiente para convocar uma catástrofe). De dia, assistem ao futebol, esculpem abóboras, assam tortas de noz-pecã, montam suas árvores de Natal. O inverno é a época das superstições, não importa que tenham esquecido seu conteúdo. Eles repetem os ritos de seus antepassados como se estivessem orando em uma língua que não conhecem, a deuses mais velhos e benevolentes do que os que têm agora. E funciona para eles. Eu os vejo se divertindo com seus cães e seus filhos nas praças e acho que eles são lindos, invencíveis. Jogam bolas de neve ou correm de shorts em volta do hospital, onde todos os dias as calçadas são polvilhadas de sal para que ninguém escorregue. Penso no resto dos habitantes desta zona tão próxima do polo Norte. Nos ursos e roedores adormecidos em suas cavernas e túneis. Nas sementes, que durante o frio se retiram para meditar sobre sua forma secreta. Há sabedoria em retirar-se, acho. Se eu soubesse como fazer isso.

De vez em quando, o telefone toca ou recebo uma mensagem de alguém me convidando para uma festa ou café. Raramente aceito. Também não sei como fazer isso: sair com completos estranhos e entregar-lhes minha vida por algumas horas. Porque é isso que acontece nesses encontros: falamos de nossos países, de nossas famílias, de livros, da comida ou das roupas como atores de uma peça sem plateia. Falamos em inglês, e essa língua transforma o que digo em algo sólido e ao mesmo tempo frágil, como uma pista de gelo pela qual deslizo sabendo que por baixo há vida real — adormecida, talvez até monstruosa —, que nunca deixa de me reivindicar. Então, mal deslizando pelas palavras, falo de Borges, de Che, dos males e bondades do comunismo em Cuba, de meu tempo no deserto, dos melhores lugares para fazer ioga, das receitas de nhoque, até mesmo — oh, sacrílega — de meus entes mais queridos neste planeta. No dia seguinte, depois dessas festas, tento me livrar da sensação de impostora, sentando-me para escrever antes de ir trabalhar. Meu trabalho é ensinar espanhol para um grupo de jovens interessados em capturar o mercado latino, combater a criminalidade ou ir se divertir em Cancún. De tempos em tempos, surgem alunos diferentes e brilhantes que querem outras coisas: viajar para entender verdadeiramente o que significa ser estadunidense, ler Lorca no idioma original, fazer parte de organizações humanitárias. Mas neste semestre não tenho esses alunos. Ainda está nevando lá fora, e as aulas não estão suspensas, ninguém parece perceber que o inverno é um ensaio geral para a morte. "Mas é minha língua!", eu gostaria de gritar (meu trabalho consiste, na verdade, em mergulhar meu coração em um poço de cal enquanto ensino o subjuntivo). Então, quando ainda é madrugada, movendo cada músculo e cada tendão como se pertencessem ao corpo de outra pessoa, ponho de lado os lençóis e o edredom de penas, saio da cama, ligo o computador e apoio as mãos no teclado, na esperança de recuperar um pouco do que venho perdendo e não sei o que é, esperando, talvez, me recuperar. Na maioria das vezes, isso acontece comigo na leitura. Ler ou escrever é exatamente isso para mim, um sol minúsculo que nasce em uma página e me afasta da morte. Mas este é meu quarto inverno em Pittsburgh, e já faz um tempo que isso não acontece comigo.

Outra coisa me acontece: no meio de uma frase qualquer, a palavra precisa, aquela que escrevo sem perceber, é *reluctant*, ou *self righteous*, ou *understated*, e por alguns segundos nem percebo que metade da frase está em castelhano e metade em inglês. Outras vezes, em conversas telefônicas com meus amigos em Buenos Aires, conto a eles sobre a *pinche* secretária e do *niño* que vi chorando em um *parking lot*. É óbvio que isso vem acontecendo comigo há muito tempo — estou nos Estados Unidos há sete anos —, mas é só neste inverno, quando estou trancada lutando para escrever a história de um homem que encontra uma mulher escondida em um de seus armários, que percebo o que isso significa. Desta vez, a briga não é com a trama, com os personagens ou com a cidade, que na minha imaginação vejo com uma nitidez que não tive para outros romances. A luta acontece antes de tudo isso. Não é o inverno, a falta de vitaminas ou a solidão, a luta é pelas palavras, e a estou perdendo.

2.

Perder as palavras é algo que acontece com qualquer escritor que vive por um tempo em uma comunidade de falantes de outra língua. Isso não é necessariamente algo a ser lamentado: nessa perda também pode haver descobertas. Anos atrás, no Texas, tive uma de minhas primeiras experiências com isso. Aconteceu em uma aula do Mestrado Bilíngue em Criação Literária da Universidade do Texas El Paso, aonde eu tinha acabado de chegar como estudante. Ainda desorientada pelo calor, pela comida e pela fronteira, pela polícia, pelo spanglish e pelo fato de morar em uma área onde eram encontrados todos os dias corpos de mulheres assassinadas; ainda desnorteada por ser de novo estudante em uma idade em que meus colegas já estavam subindo de escalão, por minha argentinidade, que, pela primeira vez, me aparecia claramente — era, de fato, apontada para mim todo dia na forma de cumprimentar, de me vestir, de falar sempre demais; ainda ansiosa para encontrar um lugar para morar com uma bolsa de estudos que mal cobria o básico; ainda fugindo de um país devastado no qual meus irmãos ainda resistiam, eu, que achava que ia escrever um romance grandioso e experimental (como todos os primeiros romances são, especialmente aqueles que nunca são escritos), descobri que deveria primeiro me submeter a uma aula de poesia. Eu não escrevia poemas desde os quinze anos e agora tinha de entregar um poema por semana. Além disso, a professora responsável pela turma pedia aos que escrevessem em espanhol que enviassem uma tradução para o inglês junto com o poema original.

Os textos que escrevi para aquele curso acabaram sendo exercícios esquecíveis, mas a aula foi uma das melhores que já fiz. Não só aprendi como o inglês lida com formas clássicas de poesia, como a sextina, a balada ou o soneto, mas também como diminuir a solenidade da escrita. Aprendi a percebê-la pelo que é, um jogo de tentativa e erro. O que acabou sendo a maior descoberta para mim foi o exercício de autotradução.

Não é sempre que os escritores realizam esse trabalho, mesmo aqueles que são fluentes em um segundo idioma, porque traduzir, voltar ao próprio texto dessa maneira, pode ser tedioso, até mesmo desanimador. Inevitavelmente, como em qualquer tradução, leva a um processo de criação de um novo texto, não apenas traduzindo o preexistente. Mas há outra coisa: você não quer voltar a dizer, voltar a escrever, voltar a pensar o mesmo texto, nem mesmo em outro idioma. Como dizia Borges, um escritor não quer voltar a transitar pelos territórios que sua imaginação já conquistou.

O caso da autotradução também tem a particularidade de que a autora não apenas produz um novo texto em outro idioma, mas, nesse processo, não pode deixar de voltar ao original e modificá-lo. Em vez de uma perda ou frustração por não encontrar palavras em inglês para o que eu havia escrito em espanhol, traduzir meus próprios textos me permitiu entender melhor minha maneira de escrever em minha língua nativa. Em vez de ser tedioso, esse exercício mostrou os lugares-comuns (lugares de conforto sonoro ou de significação, mas também lugares estacionários do sentido) aos quais minha escrita tendia "naturalmente". Com esse advérbio quero dizer que são lugares que não são percebidos como tais no momento automático da escrita; apenas quando se trata de traduzi-los para outra língua. Nessa espécie de "efeito bumerangue", o outro idioma é então transformado em uma arma de percepção muito poderosa.

Falar outra língua é sempre uma lição de realidade. Graças a ela, vemos a incompletude ou a artificialidade em nosso pensamento; como somos provisórios. É somente pensando e imaginando em outro sistema que a condição material da língua nativa aparece em sua verdadeira dimensão. A volta ao original que é exigida por tê-lo passado pelo crivo da tradução nos permite perceber sob uma luz diferente as palavras e estruturas que usamos na língua materna. Nesse retorno, o original não é apenas depurado, mas também surgem palavras novas ou variantes expressivas que não havíamos pensado antes. Embora, ao traduzir, a primeira coisa que vejamos seja aquilo que está sobrando no original, também se revelam aqueles lugares onde a escrita descansou falsamente e que dificultam o acontecimento do poema.

Ezra Pound comentava algo a esse respeito ao pensar nas dificuldades de traduzir os sonetos de Guido Cavalcanti para o inglês:

> [...] o que me ofuscava não era o italiano, mas a crosta do inglês morto, aquele sedimento presente no meu próprio vocabulário... Você não pode ignorar algo assim. Um escritor leva seis ou oito anos para se educar em sua própria arte e mais dez anos para se livrar dessa educação.[1]

Esse ensaio conta como seu trabalho de tradução de Cavalcanti estava entorpecido pelo automatismo de seu inglês e por sua leitura da tradição literária inglesa. Pound se refere ao erro de partir da tradução anterior de Dante Gabriel Rossetti dos sonetos do autor italiano, mas também ao seu conceito prévio de que a forma de soneto em inglês é equivalente à forma de soneto italiano. Livrar-se desses conceitos liberou sua tarefa de tradução e sua própria escrita, a ponto de o parágrafo citado ser seguido por esta afirmação: "Ninguém pode aprender 'inglês', sempre se aprende apenas uma série de 'ingleses'."[2]

Falar uma segunda língua é contar com uma arma secreta, uma forma de percepção e de vigilância da própria linguagem e estilo, esses dois horizontes "naturais" — um social, outro individual — contra os quais qualquer escritora luta na aventura de produzir uma escrita viva. Sobre isso, Roland Barthes escreveu:

> A língua está além da literatura. O estilo, quase além: imagens, elocução, léxico nascem do corpo e do passado do escritor, e pouco a pouco se transformam nos automatismos de sua arte. Assim, sob o nome de estilo, forma-se uma linguagem autárquica que se funde na mitologia pessoal e secreta do autor. Seja qual for seu refinamento, o estilo tem sempre algo de bruto: é uma forma sem objetivo, o produto de um empurrão, de uma intenção, é como a dimensão vertical e solitária do pensamento. Suas referências estão em nível de uma biologia ou de um passado, não de uma História: é a "coisa" do escritor, seu esplendor e sua prisão, sua solidão.[3]

Para muitos, depois de algum tempo no exterior, nem é necessário o processo literal de traduzir um texto próprio, basta viver em outra língua, então essa percepção se torna um exercício automático do cotidiano. "Um escritor que vive rodeado de pessoas que falam outra língua descobre, depois de um tempo, que percebe sua própria língua de forma diferente, consegue ver novos aspectos e tonalidades porque agora se destacam no contexto da língua falada no novo lugar", escreveu Czesław Miłosz,[4] exilado primeiro na França e depois nos Estados Unidos.

Com o inglês como arma secreta e uma percepção menos solene da escrita, terminei meu primeiro ano de mestrado, o último em que escrevi poesia em espanhol. Nesses meses também comecei a escrever meu primeiro romance, não o experimental e delirante que eu havia planejado, mas outro, muito mais convencional e realista, que eu nem imaginava quando cheguei. É que naquele tempo eu tinha perdido muitas coisas e ainda não via claramente o que havia encontrado. Não estava pronta para me desfazer de minha "própria arte" (eu nem estava certa de ter uma arte). Só consegui me proteger. Foi assim que, sem perceber, em apenas nove meses na fronteira dos Estados Unidos com o México, me tornei uma escritora argentina.

3.

Refugiar-se na língua materna, na pátria, na nostalgia é uma das reações possíveis ao deslocamento cotidiano de viver em outra linguagem. Conservar, proteger as palavras é também se apegar ao "eu" que fomos, que é o primeiro deslocamento diante de sua capacidade performativa de ser outro, estranho a si mesmo. Como qualquer reação defensiva, esse desdobramento logo esbarra em seu próprio limite. Falando dos exilados latino-americanos na Europa, em 1983 Cortázar alertava para os perigos desse desdobramento:

> Se ficássemos nostálgicos, se tomássemos o mate regado às lágrimas de tristeza, iríamos todos para a casa do caralho. Porque a verdade é que era muito deprimente encontrar exilados que aos poucos caíam em um poço de nostalgia, de negatividade. Os pintores que paravam de pintar, os escritores que deixavam de escrever, as pessoas que simplesmente ganhavam uns trocados, o bastante para viver; você sentia como se tivessem feito do exílio uma negatividade.[5]

Para mim, a pior forma dessa negatividade não é o silêncio (porque até os silêncios podem ser rompidos), mas o momento em que a língua deixa de ser um refúgio e se torna uma espécie de carapuça ou crosta que não tem mais nada a ver com quem a usa. Uma língua que não pode mais contar a nova experiência, porque ela ocorre em outra ou em outras línguas. Isso me faz pensar que, embora seja verdade que a língua nativa não é escolhida, a escrita é escolhida. Escrever é sempre uma escolha, e, se o exílio contribui para alguma coisa, é no esclarecimento das escolhas de quem escreve.

Naquela época, em El Paso, minha condição de emigrada — e não de exilada — tornava os perigos da nostalgia menos óbvios para mim do que são agora. O que supostamente eu deveria proteger? Do que eu estava reclamando, se eu tinha escolhido sair, se estava onde queria estar? Levaria anos para perceber que não era tão simples assim: pertenço a uma geração de argentinos dizimados pelas políticas sistemáticas de esvaziamento de um país que foi coroado (mas não concluído) com o que se chamou de "crise de 2001". Quando decidi ir para os Estados Unidos, muitos à minha volta já tinham ido para a Espanha, para a Suíça, para a Grã-Bretanha, aonde quer que pudessem ter uma vida que não fosse simplesmente "ganhar uns trocados", algo que a Argentina nos negara havia mais de uma década (pode-se viver exilada na própria terra e fazer desse "estar fora" sua poética, como fizeram muitos dos que ficaram). Para a minha geração, esse esvaziamento coincidiu maliciosamente com nossa primeira juventude, aquela em que se se supõe a conquista do mundo. Só hoje posso olhar para esses amigos com a certeza de que, se fizemos tudo tarde demais — como muitas vezes nos censuramos —, não foi por más decisões individuais, mas porque sobrevivemos a um inimigo com muitos nomes e muitas faces — o avanço neoliberal, a flexibilização trabalhista etc. —, cujo denominador comum é o cinismo e a capacidade de nos convencer de que nenhum esforço coletivo vale a pena. "É possível ter saudades da terra onde se estava prestes a morrer? Pode-se ter saudades da pobreza, da intolerância, da prepotência, da injustiça?", perguntava Roberto Bolaño.[6] Como ele, sempre achei os nacionalismos suspeitos. Principalmente quando tentam impor fronteiras à literatura. Nunca será suficientemente citado o ensaio de Borges sobre isso, a questão da tradição e da escrita, que é sempre uma questão sobre como o novo pode surgir diante de um cânone — e muitas vezes de uma certa "linguagem literária" — reificado. Borges escreveu que, para Joyce, bastou se sentir irlandês para revolucionar completamente toda a cultura e língua inglesas.[7] Essa irreverência, esse olhar externo era o que ele via como o potencial mais rico da cultura argentina em comparação com a cultura europeia. Estar afastado de uma tradição é o primeiro requisito para vê-la e transformá-la. Da mesma forma, aqueles que vivem por um tempo fora de seu país e de sua língua estão em melhores condições de ter com eles uma relação criativa, produtiva (e não meramente reprodutiva). Esse olhar, que, claro, pode ser cultivado sem sair de casa, é inevitável quando se está a quilômetros de distância. É também a isso que Bolaño se referia quando dizia que a verdadeira pátria de um escritor é sua biblioteca e que "o exílio e a literatura são duas faces da mesma moeda, nosso destino posto nas mãos do acaso".[8] Quem escreve está sempre fora, entregue a um devir, a um fluxo onde toda ilusão de controle desmorona.

Sabendo muito pouco sobre tudo isso, movida, pelo contrário, pela perplexidade diante dessa queda, escrevi meu primeiro romance no deserto de El Paso, Texas. Trata-se de um artista do subúrbio de Buenos Aires com aspirações muito grandiosas para o seu entorno e (talvez) para o seu talento. Até onde sei, esse é o único elemento autobiográfico em sua trama. Assim que o terminei, *Arte menor* revelou-se um livro estranho para mim, como se, ao escrever sua última linha, tivesse se quebrado um feitiço: a ilusão de uma língua materna para me abrigar, para cristalizar aquela que eu tinha sido e já não era. Levaria anos para que a que eu era encontrasse outra maneira de escrever, outra maneira de pensar, que pudesse conter todo o seu devir.

4.

Uma tarde em Pittsburgh, no meio daquele inverno atroz, começo a escrever em inglês. Assim, como quem não quer nada, sem rumo ou objetivo. O que escrevo parece poesia, são frases breves, que escuto e anoto já quebradas em versos. Falam sobre esse deslocamento, sobre perder lentamente a feição dos meus entes queridos, sobre ser bilíngue, sobre viver em inglês e falar "um idioma com muitos S's, que deve ser espanhol, já que quem o fala é desprezado". Escrevo como possessa, como uma autômata, uma boneca falada pelos outros. Mostro esses poemas para Carmen, uma amiga romena e grande leitora. Ela me diz que não são ruins, me incentiva. Essa amiga, que também é psiquiatra e ganhou vários prémios por suas pesquisas sobre as formas como os idosos lidam com a proximidade da morte, já não consegue escrever nem ler em romeno: sua língua materna tornou-se um território inacessível, demasiado doloroso para se aventurar nele. No entanto, ela não parece lamentar essa perda. Em inglês, diz, seus trocadilhos e piadas sobre o Leste Europeu soam melhor. Soam como o que são: a pista de gelo que esconde a vida a sério, aquela de que não se pode falar em nenhuma língua do mundo. Carmen é pelo menos treze anos mais velha que eu. Sei disso pelo que ela me contou sobre sua vida, não por sua aparência: ela é tão linda, que basta entrar em uma sala para que homens e mulheres fiquem em silêncio por alguns segundos. Essa é a mesma amiga que, quando lhe pedi há algumas semanas para me receitar Prozac (disse-lhe que precisava de *happy pills* [pílulas da felicidade], não o nome comercial do medicamento), olhou para mim seriamente e disse: *No, you need this depression* [Não, você precisa dessa depressão].

Então eu a escuto. Abandono meu romance e, por um tempo, continuo escrevendo aqueles textos corretos e anônimos em inglês, como se estivesse me agarrando a uma jangada em pleno inverno. "E por que não?", me pergunto. Muitos escritores mudaram de língua: Conrad, Nabokov, Brodsky, embora não seja possível generalizar o que está por trás de cada uma dessas passagens. Cada escritora tem suas razões para abandonar o território seguro de sua língua nativa. Brodsky começou a escrever em inglês por amor à poesia de W. H. Auden, a língua desejada era para ele um diálogo, uma maneira de falar com outro poeta, de "agradar a uma sombra": "Escrever em inglês era a melhor maneira de me aproximar dele, de trabalhar em seus termos, de ser julgado, não por seu código de consciência, mas para o que na língua inglesa tornou possível esse código de consciência."[9]

Por trás da mudança de linguagem, há, sobretudo, a questão da experiência. Quando Nabokov decidiu publicar *Fala, memória*[10] em russo — um livro que ele havia escrito em inglês —, descobriu que tinha de reescrevê-lo: quando voltou a pensar nessas memórias em sua língua nativa, apareceram imagens, episódios, fragmentos de sua memória que eram simplesmente inacessíveis para ele em inglês.

É possível contar a vida vivida em um idioma em outro, diferente do idioma daquele evento? François Grosjean, especialista em bilinguismo, considera que "diferentes aspectos da vida exigem línguas diferentes", e ressalta que "a escritora russa Elsa Triolet percebeu que seu romance *Camouflage* [Camuflagem] foi escrito na língua 'equivocada', pois se passa na França com personagens que falam, pensam e sentem em francês, mas é escrito em russo".[11] Triolet tomou a decisão de mudar de língua e deixou testemunho da "dor quase corporal" causada por escrever seu primeiro romance em francês. Nabokov referiu-se à mesma dificuldade, a de escrever em outra língua, com a imagem de "alguém que teve de reaprender a manusear utensílios depois de ter perdido sete ou oito dedos em uma explosão".[12]

Na mudança de linguagem de uma escritora, a questão do mercado e dos leitores também deve ser considerada. O autor de *Lolita*[13] — que Brodsky considerava quase um mercenário por causa de seu desejo de chegar ao mercado norte-americano — sentia que as pontes entre ele e a velha Europa de sua infância haviam sido destruídas. A quem escrever, e em que língua, não era uma questão menor para Nabokov.

Finalmente, há casos como o de Kafka, cuja situação de escrita (Praga sob domínio alemão) é muito diferente de outras. Deleuze e Guattari escreveram um artigo muito citado no qual analisam o uso particular que esse autor tcheco e judeu fez do dialeto alemão de Praga.[14] Em vez de enriquecer, de embelezar artificialmente essa linguagem, Kafka "opta" pela pobreza expressiva. Assim, Deleuze e Guattari propõem a ideia de um uso intensivo da linguagem como programa, a ideia de "literatura menor", extraída dos diários do próprio Kafka.[15] Por causa de sua condição de irlandeses escrevendo em inglês e francês, respectivamente, Joyce e Beckett também são citados como exemplos (embora com programas muito diferentes) de como uma literatura menor pode ser produzida escrevendo de fora da língua e da cultura escolhidas.

É claro que, ao escrever poemas em inglês naquele inverno em Pittsburgh, não estou pensando em nada disso. No máximo, penso em Conrad ou Nabokov pelo que são: exemplos excepcionais, inatingíveis. Não escrevo em inglês como um programa, nem mesmo acho que estou fazendo algo "literário". Faço o que posso, e o que posso é ouvir e transcrever a voz em minha cabeça, a voz das coisas que me acontecem em inglês, a voz que fala de meus sete anos nos Estados Unidos. Eu a escuto como se pudesse ouvir a neve caindo, uma camada de algo branco e gelado que silencia tudo o que toca. E assim, por um tempo, continuo a escrever nessa língua aqueles textos que me tranquilizam, que têm um efeito sedativo, entorpecente.

O efeito dura até um dia em que entro em um ônibus e ouço um cara falando ao telefone em espanhol. Ele diz: "Não fique com raiva, che" ou algo assim, mas não importa o que ele diga. A questão é que eu passo do ponto que tinha de descer para ficar ouvindo-o falar, sento-me atrás dele rangendo os dentes, ouvindo-o sem perder uma palavra. Lá fora, o céu é cinzento, e o inverno mostra-se pelo que é: não um ensaio geral para a morte, mas para a vida, o momento em que a natureza se reduz à sua expressão mínima, em que todos guardamos forças para continuar, para enfrentar a enorme tarefa de estar vivos. O cara está se despedindo da namorada, e eu tiro um lápis e papel da carteira e rabisco uma frase de agradecimento. Diz algo sobre a Argentina. Deixo na mochila dele a caminho da porta e desço do ônibus. E é assim que esse outro feitiço — a ilusão de uma língua na qual me esconder, na qual fingir traiçoeiramente — também é quebrado. Porque eu não sou Carmen, muito menos Nabokov ou Brodsky: eu não tenho, pelo menos não por enquanto, o direito a essa passagem. Não é apenas um problema de dominar o inglês, mas o simples fato de que o inglês nem consegue dizer o que acontece comigo em relação a esta cidade e este país, o que acabou de acontecer comigo no ônibus. A única opção que me resta é parar de lutar e me deixar deslizar pelas frestas dessa outra língua na minha.

5.

Com a entonação fantasmagórica do inglês e seu tipo particular de ironia; com o espanhol implausível de minhas aulas para estrangeiros (quantas vezes se pode apontar para uma foto e perguntar: "O menino é esperto ou está esperto?" sem enlouquecer?); com a língua texana e fronteiriça que falo com meu parceiro, pela qual desfilam belezas como "panecito" e "fuckear"; com os neologismos que meus irmãos e eu criamos quando éramos crianças, quando consumíamos música e televisão em inglês; com toda a minha biblioteca; com arcaísmos que não sei de onde vêm; com os ritmos do rio da Prata da minha infância; com as palavras e entonações das quais me apropriei em sete anos de conversas com peruanos, colombianos, guatemaltecos (uma amiga desta última nacionalidade sempre usava "cabal" para assentir e minha cabeça explodia, porque ninguém na Argentina usa essa palavra, muito menos para assentir); com tudo isso, ou melhor, deixando que tudo isso seja a forma natural de pensar e estar em minha língua, volto ao meu romance. Porque minha vida não acontece em inglês ou espanhol, acontece em ambos, e mesmo em meus momentos mais monolíngues não posso dizer que só tenho uma maneira de viver o espanhol. Em que língua inteligível para os outros contar toda essa intimidade? E, mais importante, que tipo de história seria?

Por enquanto, estou escrevendo uma história de invasão e vulnerabilidade: em uma cidade cinzenta de longos invernos, um imigrante descobre uma mulher que mora em sua casa. É uma história que questiona qual dos dois é o invadido e quem é o invasor, que especula sobre esse jogo de forças e sobre as decisões que os personagens vão tomar. A trama se desenrola diante de meus olhos por muito tempo sem direção e sem nenhum objetivo além de explorar essas forças; fico, de fato, maravilhada com tudo o que esses dois personagens podem fazer e pensar. Escrevo-o em espanhol e, ao fazê-lo, tenho plena consciência de que é "a língua equivocada": é um romance em espanhol que se passa nos Estados Unidos. Mas será que é assim? Sim e não. Vou demorar um pouco para perceber que a cidade que estou criando não é qualquer cidade daquele país, assim como o continente não é a América, mas a *minha* América, com sua fantástica ilha no Caribe, seus indígenas misteriosos, adoradores de uma flor, originários de tudo e irrecuperáveis para todos, uma América com uma cidade em estado de colapso, um Estado ausente e jovens tentando voltar à vida na natureza, onde cervos enlouquecidos atacam as pessoas. *América alucinada* acaba sendo meu próprio continente, minha própria distopia. São seis anos de trabalho, seis anos sustentando diante de mim um empreendimento que me parece impossível — a língua "equivocada", a apropriação cultural ao contrário, a escritora periférica escrevendo sobre o centro: mais uma forma de me deslocar. Por tudo isso, demoro muito para encontrar seu título. E levo mais alguns anos para encontrar a editora que acredita, como eu, que um romance cuja relação com a realidade não é mimética, mas absolutamente deslocada e lúdica, que um romance que é um laboratório de experiência deve ser escrito em uma língua diferente, uma língua própria; que deve, na verdade, criar sua própria língua.

Mas não é isso que qualquer escritora de ficção faz em qualquer idioma? Escrever é criar uma linguagem própria, construir sua própria ilha deserta, com sua fauna e flora únicas, feitas de muitas outras linguagens. Fazer o contrário seria acreditar em uma falsa transparência, em uma falsa naturalidade da escrita. Por outro lado, escrever ficção é um fato que ocorre primeiro na leitura de outras ficções, das quais — e não apenas a experiência, ou melhor, a experiência da leitura — os livros são feitos.

Na tarefa de escrever ficção, a questão do gênero literário é tão importante, que muitos dos que julgam a questão do bilinguismo (como Grosjean) a ignoram: assume-se que a missão da literatura é registrar a realidade e a experiência de forma mimética. Assim, se dá como certo um determinado tipo de realismo como o registro literário por excelência (e esquece-se que a imaginação já faz parte de nossa experiência, de nosso cotidiano). Quando pensamos que o trabalho da escritora é sempre com a imaginação, que um romance é sempre a invenção de um mundo, os eixos reais do problema ficam mais claros, ainda mais se for uma distopia ou um texto de ficção especulativa. O trabalho da ficção exige um pensamento menos rígido: para uma escritora, não há "línguas equivocadas", há formas ou gêneros inadequados, em todo caso.

Essas ideias serão consolidadas em alguns anos, no trabalho com meu próximo livro, uma coletânea de contos. Mas primeiro chegarão os editores, jornalistas e críticos que leem esse e escrevem comentários condescendentes (como "o resultado não está abaixo de tantos romances anglo-saxões, por mais que rompa o que se espera de uma autora argentina") ou me fazem perguntas hilárias como "Você escreve em espanhol neutro para capturar o público globalizado?", "Os personagens são mexicanos, não é?", "Você escreveu primeiro em inglês e depois traduziu?".

Como sempre me acontece com a oralidade, estarei pouco preparada para essas perguntas. Não terei em mãos a citação de Pound ou os exemplos de Katherine Anne Porter e Ernest Hemingway escrevendo sobre o México ou a Espanha na "língua equivocada" sem que ninguém faça alarde porque, no caso deles, se trata da língua imperial e da apropriação oposta. Não terei nem mesmo Deleuze e Guattari para conceitualizar o que aconteceu comigo naquele processo de escrita. Vou demorar um pouco para revisitar aquele livro dos autores franceses e reafirmar — como se alguém encontrasse *a posteriori* o diagnóstico de sua própria doença — que o programa era escrever de fora, estar em sua própria casa como estrangeiro, escrever na própria língua como se fosse de outra pessoa. Alguns desses críticos e jornalistas também devem ter lido esse e outros livros de teoria literária. No entanto, esses argumentos não os desafiarão porque continuarão a pensar uma literatura e um mundo que não existem mais, insistindo nos nomes de Joyce, de Beckett, de Kafka como meros representantes de um cânone mumificado e não como sinais de uma velha ousadia que hoje encontra necessariamente novas formas.

Há quem leia e julgue a literatura que se escreve hoje com os parâmetros do século XX, eu diria que o olhar deles é quase o do tabuleiro de xadrez da Guerra Fria. Enquanto isso, nosso século é o do movimento; nada de nossa época pode ser pensado sem levar em conta o deslocamento maciço e constante de migrantes, de refugiados, de turistas; sem levar em conta a onipresença do inglês, a velocidade da informação e do consumo cultural, a contaminação, o empréstimo e a proliferação de idiomas.

Mas a essa altura do inverno em Pittsburgh, imersa em minha América, ainda não consigo pensar em nada disso. É hoje, em retrospectiva, que ressoam para mim essas questões de Deleuze e Guattari, a zona mais luminosa daquele velho livro sobre Kafka: "Quantos vivem hoje em uma língua que não é a sua? Quantas pessoas já nem mesmo conhecem sua língua ou não a conhecem e conhecem mal a língua principal que são obrigadas a usar?"[16] Perguntas que me parecem ainda mais pertinentes hoje. Acrescento mais uma: que nação, que pátria será capaz de reivindicar para si esses êxodos e exílios, a literatura entre línguas e entre vidas que tanta gente está escrevendo agora mesmo?

[1] Ezra Pound, "Guido's Relations", in *The Translation Studies Reader*, org. Lawrence Venuti, Londres/Nova York: Routledge, 2000.

[2] Ezra Pound, op. cit.

[3] Roland Barthes, *El grado cero de la escritura*, México: Siglo XXI, 1997. [Ed. bras.: *O grau zero da escrita*, trad. Mario Laranjeira, São Paulo: WMF Martins Fontes, 2004.]

[4] Czesław Miłosz, "Language", in *To Begin Where I Am*, Nova York: Farrar, Straus and Giroux, 2002.

[5] Julio Cortázar, "Último round: la entrevista que Cortázar le dio a Martín Caparrós poco antes de morir", *La Nación*, Buenos Aires, 12 fev 2019, disponível em https://lanacion.com.ar/cultura/julio-cortazar-ultimo-round-nid2219399/.

[6] Roberto Bolaño, "El exilio y la literatura", *Ateneo*, Caracas, n. 15, 2001, disponível em https://memoriachilena.gob.cl/602/w3-article-73198.html.

[7] Jorge Luis Borges, "El escritor argentino y la tradición", in *Obras completas 1923-1972*, Buenos Aires: Emecé, 1974. [Ed. bras.: "O escritor argentino e a tradição", in *Discussão*, trad. Josely Vianna Baptista, São Paulo: Companhia das Letras, 2008.]

[8] Roberto Bolaño, op. cit.

[9] Joseph Brodsky, "To Please a Shadow: Joseph's Brodsky Seduction of the Muse in English", *Los Angeles Times*, Los Angeles, 31 out 1987.

[10] Vladimir Nabokov, *Fala, memória*, trad. José Rubens Siqueira, São Paulo: Alfaguara, 2014.

[11] François Grosjean, *Bilingual*, Cambridge: Harvard University Press, 2010.

[12] Vladimir Nabokov, op. cit.

[13] Vladimir Nabokov, *Lolita*, trad. Sergio Flaksman, São Paulo: Alfaguara, 2011.

[14] Gilles Deleuze e Félix Guattari, *Kafka, por una literatura menor*, México: Era, 1990. [Ed. bras.: *Kafka: por uma literatura menor*, trad. Cíntia Vieira da Silva, Belo Horizonte: Autêntica, 2014.]

[15] Há pesquisadores, como Stanley Corngold, que contestam algumas de suas teses sobre o uso particular que Kafka faz do alemão de Praga e como o autor tcheco pensava a "literatura das pequenas nações" (entre elas, a que então se escrevia em tcheco) como uma literatura tendenciosa e medíocre, entregue a um folclore cheio de slogans políticos. [Cf. Stanley Corngold, "Kafka and the Dialect of Minor Literature", *College Literature*, Baltimore, vol. 21, n. 1, fev 1994.] Cynthia Ozick conta que Kafka via judeus que escreviam em alemão como feras enjauladas, nem em casa em sua língua nativa nem estranhos nela. Eram, assim, confrontados com três impossibilidades: a impossibilidade de não escrever, a impossibilidade de escrever em alemão e a impossibilidade de escrever de outra forma. A isso ele acrescentava a "impossibilidade de escrever". [Cf. Cynthia Ozick, *Críticos, monstruos, fanáticos y otros ensayos literarios*. Buenos Aires: Mardulce, 2020.]

[16] Gilles Deleuze e Félix Guattari, op. cit.

A menina na cédula de dez pesos. Notas sobre escrita e violência de gênero

1. Na tela do meu computador, aparece uma imagem que perturba a manhã de domingo. É uma nota de dez pesos, ocre e gasta, algo que vejo todos os dias. Mas essa é diferente. Está apoiada sobre uma toalha de mesa do mesmo tom, como se o autor da foto não quisesse distrair com outra cor o que realmente importa: as palavras escritas em tinta preta, distribuídas em frases apertadas no pequeno espaço livre entre o rosto de um de nossos próceres e o número dez.

OI ESTOU EM UM LUGAR CHAMADO LOS HERRERAS LUIS "O CAOLHO" ME MANTÉM AQUI HÁ TRÊS ANOS POR FAVOR MAMÃE ME AJUDA EU CINTO SUA FALTA GABRIELA SUÁREZ

Alguém acabou de compartilhar a imagem dessa nota no Facebook. Ela aparece no meu *feed* ao lado de fotos do aniversário do filho de uma amiga, o último filme que um colega de trabalho viu, as férias na praia de alguém que eu mal conheço. Por baixo do texto escrito em letras claras, de forma, sem sinais de pontuação e com um único e insidioso erro ortográfico, o rosto melancólico de Manuel Belgrano parece endossar que o horror convive com os "símbolos da pátria". O traço pessoal da letra contrasta com o anonimato do dinheiro e, ao mesmo tempo, o reforça: ninguém conhece nem pode conhecer as mãos que tocaram aquela cédula, as transações que ela intermediou, as moedas pelas quais a vida é trocada todos os dias, o que realmente vale, neste país, a vida de uma mulher.

Olho para a nota gasta e lembro-me de meu avô, que optou por se aposentar aos cinquenta anos e viver com o mínimo. Quase nunca levava dinheiro nos bolsos e, toda vez que tocava em uma nota, lavava as mãos. Ele obrigava todos nós, netos, a fazermos o mesmo. "Lave as mãos, o dinheiro é sujo", ele me dizia. Só entendia metade do que ele queria dizer — os "germes" que espalham doenças e viajam no dinheiro, mas são invisíveis, explicava-me minha avó, de forma muito mais didática —, mas também todas as transações pelas quais ele passara: o menino que abandonou a escola aos onze para trabalhar, o menino que aos vinte já tinha perdido a maior parte do cabelo e que na única vez que dirigiu um carro esmagou-o contra um alambrado, o jovem que odiava padres e se recusou a casar na igreja, o homem que tinha dois filhos e vivia em um rancho de madeira, mas que, perante a oferta de uma promoção na empresa onde trabalhara toda a vida, preferiu ficar onde estava e fugir à responsabilidade de mandar nos outros, ao despropósito de gerir, de decidir, de ter uma palavra sobre as moedas e as vidas.

O dinheiro é sujo. Especialmente essa nota em minha tela, com sua fina camada de sujeira, que nesta manhã de 15 de novembro de 2015 logo viraliza. Centenas de pessoas a compartilham nas redes sociais, replicando o pedido de ajuda. É que 2015 não é um ano qualquer. É o ano do feminicídio de Chiara Páez em Santa Fé, o ano da prisão perpétua do estuprador e assassino de Ángeles Rawson, o ano em que as denúncias pelo feminicídio de Lola Chomnalez, ocorrido em 2014 no Uruguai, foram ouvidas como nunca antes. Apesar disso, o jornalismo está apenas começando a repensar a forma como comunica esses crimes há décadas. Hinde Pomeraniec e outras escritoras que são membros do coletivo #Niunamenos pedem "uma mudança de perspectiva que se concentre nos perpetradores em vez de continuar vitimizando as vítimas todos os dias em um banho de morbidade e desprezo".[1] Há alguns meses, em 3 de junho deste ano, foi realizada a primeira marcha organizada por esse coletivo: 2015 é o ano em que mais de 150 mil pessoas foram ao Congresso Nacional exigir o fim da violência de gênero.

O que estou fazendo nessa manhã do dia 15 de novembro? Termino o café da manhã e sento-me para escrever uma resenha de um livro de Chuck Palahniuk. É um trabalho como outro qualquer, digo a mim mesma, mas para mim é difícil fazê-lo, não consigo me concentrar, não sei o que escrever sobre um romance cheio de imagens violentas matizadas apenas por uma crítica light da sociedade norte-americana. Há algumas semanas tive uma discussão com uma amiga, que achava que "criticar o trabalho alheio" não era uma forma digna de ganhar a vida. Agora, acho que ela pode ter razão, mas não por causa dos argumentos que expôs naquela noite. Abro um documento em branco na tela e olho a capa do livro publicado por empresas multinacionais de Nova York, América Latina e Espanha, mais um episódio de uma saga muito lucrativa de fantasmas adolescentes sobre a qual tenho de escrever um comentário para manter o dinheiro em movimento. O cursor pisca. Não consigo pensar em uma única linha para cumprir a tarefa. Em vez disso, volto à nota de dez pesos com o pedido de ajuda de Gabriela Suárez. Conto as palavras: são 28. Hesito, penso em hipóteses, mas ainda assim clico na imagem e guardo-a no disco do meu computador, em uma pasta a que nem mesmo consegui dar um nome e na qual há outras imagens e notícias. Um dia, digo a mim mesma. Um dia vou escrever sobre isso.

Salvar a imagem me acalma um pouco, e finalmente me sento para escrever a resenha. Mas as 28 palavras da nota permanecem flutuando em minha cabeça enquanto escrevo as 522 que reúnem o mínimo de rigor para um texto irrelevante que será publicado em um suplemento cultural que quase ninguém lê mais. Assim, 522 palavras a mais se somam à lógica inflacionária do mundo cultural contemporâneo. Aliviadas de seu peso e significado, são transformadas em dinheiro e seguem seu misterioso curso de minha mesa para a de Chuck Palahniuk. Espero que pelo menos ele esteja se enchendo de ouro, porque um dia, eu sei, vou pagar com a falta de palavras pelo desperdício destas.

2. Em alguns anos, os arquivos nessa pasta no meu computador se multiplicam. A maior parte é notícia de jornal. Contam histórias de mulheres que desapareceram, foram presas, raptadas, sequestradas, abusadas, prostituídas, estupradas, mortas. Algumas são tão atrozes, que não me atrevo a lê-las novamente. "Ele arrancou minhas unhas dos pés e me obrigou a beber sua urina", diz a manchete da notícia que inclui parte do depoimento de uma mulher que foi mantida em cativeiro por dois meses pelo homem com quem estava saindo. Há meninas nessa pasta. Há corpos. Em terrenos baldios, em sacos de lixo, em blocos de concreto. Há cruzes cor-de-rosa, lenços verdes, inúmeras marchas pedindo justiça. Há uma cidade no México onde as mães desfiguram ou enfeiam suas filhas para que os homens parem de roubá-las. Há um incêndio na Guatemala em que 41 meninas morreram porque a polícia se recusou a abrir a porta para elas. Há uma menina argentina de doze

anos que foi estuprada durante meses por um homem de sua família e que, antes de morrer estrangulada, marcou algumas palavras em um dicionário que carregava na mochila: "prostituição", "pau", "laço", "cunhado".

Há essas palavras.

3. Passo a tarde desse domingo, 15 de novembro de 2015, lendo contos de fadas. Estou há meses nessa busca, quero aprender algo sobre esse gênero, voltar ao poder da narração pura, da narrativa oral, do texto que aposta tudo na peripécia e na história. Tenho vários volumes de contos folclóricos e lendas de diferentes tradições, leio-os em desordem e excesso, como se algo de seu mecanismo ficasse comigo por insistir na quantidade. Nessa busca, rapidamente descartei Perrault e suas versões açucaradas desses contos antigos e tenebrosos. Alguns dos contos de Hans Christian Andersen — como "A menina dos fósforos" ou "As cegonhas" — conseguem reavivar a chama de um velho horror, apesar da moral e dos preceitos cristãos que os entorpecem. Mas tenho de voltar mais atrás para encontrar o que procuro, desde o Romantismo, longe do século XIX, até a velha Europa que queimava bruxas e hereges mesmo aceitando o infanticídio. É assim que chego ao *Pentameron*,[2] de Giambattista Basile, um livro nascido na Itália do século XVII, quando os ogros peidavam e as fadas recompensavam velhas feias porque sabiam fazê-las rir. É ali, no meio da piada, do grotesco e do popular, que o terror que deu origem a essas histórias se torna transparente.

Numa Europa que de tanto em tanto sofria de fome, os contos de fadas quase sempre contam uma história de sobrevivência, celebram a vida, mas por trás dessa celebração há uma advertência baseada no princípio obscuro da própria comunidade. Em 1976, o psicanalista Bruno Bettelheim escreveu a favor da leitura desses contos, considerando-os úteis para que as crianças elaborassem seus medos e desejos mais secretos nas figuras de monstros (dragões, bruxas, ogros) menos terríveis que os reais (um pai, uma mãe, um estranho).[3] Há até leituras marxistas, como a de Jack Zipes, que propõem que esses contos realmente nos ensinam a não nos adaptar. Para ele, "O patinho feio" é tanto uma história de racismo quanto de falta de consciência de classe.[4] Tudo isso pode ser assim, mas não explica o fascínio com que cada geração cai de novo no encantamento dessas histórias. Algo da forma maravilhosa continua a nos convocar, mas também algo permanece pendente, como uma dívida, na repetição dessas histórias. Essas histórias são a forma com que a voz anônima da comunidade lembra e adverte sobre os crimes que são sua base. Para mim, são um estranho e distorcido antecedente das fábulas de Hobbes e Rousseau sobre o contrato social. "O homem é o lobo do homem" é uma versão da fábula do lobo e do cordeiro de La Fontaine, que, por sua vez, já a havia tomado de Esopo, só que Hobbes a passa pela luz da razão iluminada europeia para pensar no direito de reinar, que é, em suma, o direito de matar legalmente. Mas antes ou pelo menos simultaneamente a essa versão do soberano — masculina e solar — há os contos maravilhosos. A fundação da comunidade que esses textos supõem é antiga, e nela sempre morre uma menina. Na versão de *Pentameron* de "A bela adormecida", chamada "Sol, Lua e Talia", a protagonista cai "morta" ou é vítima de sonolência quando ela mesma se pica com uma aresta de linho e é abandonada por sua família. O filho de um rei passa pelo castelo e, quando vê que a jovem "não acordava por mais que ele fizesse e gritasse, levou-a nos braços até a cama e lá colheu os frutos do amor".[5] Nove meses depois, Talia dá à luz um menino e uma menina, chamados Sol e Lua. A história continua com muitas reviravoltas e digressões — o príncipe tem uma esposa em seu reino e "esqueceu" o que fez com a princesa adormecida, os bebês acordam Talia chupando seu polegar e extraindo dali a aresta de linho — até seu final "feliz", mas o conto mal esconde o que é: uma história de abandono familiar e estupro.

4. Enquanto isso, a nota de dez pesos com a mensagem manuscrita continua sua sobrevida acelerada na web. Aqueles que a compartilham em geral replicam esta mensagem ("Será que é a da pessoa que a postou pela primeira vez?", me pergunto):

> Uma nota de dez pesos apareceu no Facebook com uma mensagem de uma garota que assina como Gabriela Suárez pedindo ajuda, dizendo que a mantêm sequestrada em um lugar chamado Los Herreras há três anos. No banco de dados do Ministério da Segurança da Província de Buenos Aires, há uma menina com esse nome e sobrenome que está desaparecida desde 2012. Vamos ver se isso é verdade compartilhando este post. Há uma cidade em Tucumán chamada Los Herreras, seria bom que as autoridades cuidassem disso. Por favor, compartilhem, vamos ajudar a encontrá-la, e a outras pessoas.

Três coisas me parecem suspeitas na mensagem, assim como o erro ortográfico na nota me pareceu antes: o verbo "aparecer", a insistência em compartilhar, a hesitação tão explícita em "vamos ver se isso é verdade". Mas ainda assim imagino Los Herreras: uma cidade à beira de uma estrada, ruazinhas de terra, casas sem reboco, talvez um cachorro e uma criança andando por aí na hora da sesta, o sol que brilha sobre nada, como um grito.

5. Ao contrário dos mitos gregos, nos quais a violência masculina dos deuses irrompe irremediavelmente no mundo humano, em contos como o de Talia, violar o corpo de uma mulher é apenas mais um episódio da vida em sociedade. Não há um ultraje divino inevitável, mas uma ordem humana que o endossa e repete. "Essas coisas acontecem, são assim, o que se há de fazer, é a sorte de cada um", é a ladainha por trás disso, aquela que chegou até nós ao longo dos séculos. Ouvi isso de mil maneiras na boca de minhas tias e avó desde pequena. A ladainha do cuidado, do azar, dos mal-entendidos, das precauções para evitar o inevitável. Todos nós temos uma dessas histórias em nossa família. Quando minha mãe tinha catorze anos, um dia, quando ela estava saindo para a escola às seis da manhã, um homem bateu na cabeça dela com um porrete, derrubou-a e se jogou em cima dela. O abuso não aconteceu porque alguém que estava abrindo seu negócio mais cedo do que de costume interveio. Fazia apenas um ano e meio que minha mãe havia chegado da Sicília, de uma aldeia onde era conhecida até pelas cabras. Ela só me contou sobre esse episódio quando tinha 74 anos, talvez porque tenha levado todo esse tempo para se sentir segura, talvez porque achasse que suas filhas estavam crescidas e também seguras. No entanto, minhas três irmãs e eu temos nossas próprias histórias de sobrevivência, assim como todas as mulheres que conheço. Meus dois irmãos, por outro lado, têm outros tipos de histórias. Algumas também são de sobrevivência, dão conta de suas estratégias para contornar a vida entre os homens, para

construir outro modo de ser homens que não seja o da violência e da dominação dos outros.

Quando eu tinha doze anos e não sabia nada disso, entre frases sobre amor, felicidade e amizade, uma colega copiara esta em sua agenda: "Em caso de estupro, relaxe e goze." Esse "conselho", esse aviso, circulava naturalmente entre as meninas dos anos 1980. A naturalização do estupro como horizonte possível para uma menina é tão antiga quanto esses contos maravilhosos, naturalização que depois será repetida com outras roupagens por outros textos, desde o episódio fundacional do *Cantar del Mío Cid* até textos mais modernos. Sociedades distintas para uma mesma prática execrável, mesmo que ao longo dos séculos as versões dessa história tenham sido mitigadas.

Já no século XIX, em vez do azar universal de ter nascido mulher, os contos maravilhosos contarão o azar particular causado pelos astros ou por uma fada ofendida, o estuprador será transformado em salvador, e o casamento e os filhos serão uma "recompensa" por tanto sofrimento feminino. Em várias dessas histórias, a magia não parece salvar a heroína do perigo (como o divino intervém no mito, por exemplo, de Dafne e o loureiro), mas no início, para causar a peripécia, ou no final, para restaurar a "felicidade". Porém a verdadeira magia para mim está na própria forma narrativa, na tradição popular que transformou o horror em algo narrável, em histórias que eventualmente serão dirigidas às crianças. No entanto, o poder da ficção é tamanho que, imerso nesse quadro textual, o horror continua a falar, continua a alertar. É por isso que continuamos a lê-las: esses contos são fundacionais dessas práticas violentas. Como tais, não perdem (parece que nunca perderão) relevância.

Há algum tempo — pelo menos desde os anos 1980 — o feminismo vem chamando a atenção para essas histórias e leituras e reescrevendo essas fábulas para exibir esses padrões de violência e dominação. Autoras como Angela Carter, Margaret Atwood e outras fizeram um trabalho enorme de desconstrução desses imaginários. Não é isso que estou pensando neste domingo. Na verdade, minha leitura tinha a ver com interrogar a forma dessas histórias, mas agora fiquei presa ao conteúdo. Realmente não sei o que quero fazer. O que sei é que a relação entre esses relatos e as notícias armazenadas em meu computador é óbvia. A essa altura de 2015, sinto que temos de encontrar novas formas de contá-la.

6. À noite, ao lado da nota de dez pesos, alguns portais digitais já publicam uma foto de Abigail Gabriela Suárez Chaves. É uma captura de tela do arquivo de pessoas desaparecidas do Ministério da Segurança da Província de Buenos Aires. Ele diz que Gabriela tem olhos verdes, tez branca e longos cabelos castanho-claros. Que tem 1,57 metro de altura e uma compleição robusta e delgada. Que sua idade estimada é de vinte anos e que na última vez que foi vista estava usando "bermuda jeans, camiseta branca e tênis azul". O arquivo informa a data da denúncia, 15 de abril de 2012, e ao lado há uma foto 3x4 em que Abigail Gabriela está com os cabelos presos. Ela é uma menina bonita, com olhos grandes e um olhar desafiador e confiante.

Na Argentina, poucas pessoas, exceto a polícia, usam a palavra "tez" para falar sobre a pele do rosto de uma pessoa. Quando leio, voltam as fotos de passaporte das meninas que desapareceram em minha infância, durante a ditadura, fotos em preto e branco que interrompiam os desenhos animados e programas de auditório daquela televisão sinistra. Tez escura, tez branca, tez morena, a polícia procurava igualmente todas elas, reduzidas a seus "sinais particulares"; continua a procurá-las hoje com as mesmas e escassas palavras, como uma inversão perversa de uma canção que enumera "loiras, morenas, ruivas, a todas elas dou o meu amor". Imagino o banco de dados desses arquivos no Ministério, palavras destinadas a não descrever realmente ninguém, destinadas a engrossar um arquivo em uma dependência na qual a verdadeira identidade, a verdadeira história daquelas meninas desaparece. Para que haja história, é preciso algo mais. Esse mesmo Ministério sabe disso e reservou um espaço para isso. Na última linha do arquivo de Abigail Gabriela, há mais uma categoria. O item diz "Relato achado". O quadradinho com a informação correspondente está vazio.

7. Fotos como a de Abigail Gabriela circularam em diferentes telas desde minha infância até hoje. Mas nos últimos anos essa circulação, antes limitada à imprensa e ao Estado, se multiplicou. As notícias sobre feminicídio enchem meu *feed* do Facebook há anos. Quase sempre são artigos de jornais ou portais digitais partilhados por minhas amigas e conhecidas naquela rede social. Além do mais, há quem poste quase exclusivamente esse tipo de notícia, como se suas páginas fossem memoriais de mortas. Às vezes isso me incomoda, até me paralisa. Vejo as fotos dessas meninas e não posso deixar de pensar que recircular essas notícias faz parte da morbidez social, que é reproduzir e endossar o discurso estridente (muitas vezes diretamente sensacionalista e machista) do jornalismo. Entendo as intenções de denúncia e protesto que acompanham esse gesto, mas me pergunto se colocar essas fotos e esses nomes assim, no terreno frívolo da rede, não é, na realidade, outra forma de enterrar essas meninas. Às vezes, não resisto e deixo uma cara triste ou com raiva na notícia postada por alguma amiga. Mas aí me sinto culpada, como se tivesse

sido ludibriada pela própria rede, movida, manipulada por um complô de banalização.

O clique nas redes sociais é sempre muito rápido e raramente revela pensamentos profundos ou racionais, explica em uma entrevista a pesquisadora Sonya Yan Song.

> As pessoas reagem a emoções fortes com mais facilidade. Não importa se é raiva, violência ou arrependimento. Reagimos a emoções positivas, como a felicidade.
>
> Mas os seres humanos são geneticamente programados para prestar atenção a eventos negativos, porque podem ameaçar nossa condição de vida ou até mesmo nossa vida. Por isso, se houver eventos ameaçadores, as pessoas prestam atenção.[6]

É deprimente que, por trás de um emoji, por trás da "psicologia do compartilhamento" nas redes sociais, muitas vezes não haja nada mais do que aquele instinto primordial e aquela instantaneidade da catarse. Ou, pior ainda, uma pose de uma pessoa bem pensante e bem pensada para um perfil em uma rede que se tem a ilusão de controlar. O que há, na realidade, é um algoritmo cada vez mais afinado que nos alimenta com mais de nós mesmos, que nos devolve a rota de nosso próprio medo, de nossa autocomplacência: o *like* emocional.

Por enquanto, não tenho uma resposta para essas perguntas, mas tomo uma decisão: não compartilhar esse tipo de notícia. Essas meninas, esses nomes, essas histórias deveriam ser conhecidas, mas não assim. Temos de encontrar outro caminho, outro registro, eu acho.

8. A ficção pode ser esse registro? Os escritores contemporâneos vêm tentando narrar um pouco disso há muito tempo. Uma bus-

ca em qualquer base de dados acadêmica é suficiente para trazer à tona dezenas de artigos que investigam o feminicídio na literatura latino-americana. Muitos deles se detêm em *2666*[7] como o romance que marca um antes e um depois na visibilidade do assunto. Mas o termo "feminicídio" é bem mais antigo. Nasceu na década de 1990. Ouvi-o pela primeira vez em 2003, durante meu tempo no deserto de Juarez-El Paso. Antes de Bolaño, há os livros de Sergio González[8] e há Susana Chávez, poeta e ativista, que cunhou a frase "Nem uma mulher a menos, nem mais uma morta", da qual o movimento #Niunamenos argentino tomou seu nome. Susana foi estuprada e assassinada em 2011 em Ciudad Juárez. Aparentemente, o crime não teve relação com seu ativismo: ela foi morta por uma quadrilha de traficantes que a levaram a uma festa, como qualquer outra garota. Talvez esse seja meu problema com *2666*. A estratégia de Bolaño nesse romance é o "efeito lista", o apagamento das identidades das mulheres, uma descrição avassaladora das marcas, mutilações e humilhações nos corpos, das roupas íntimas, dos cadáveres. A lógica do mal sem lógica. Entendo a estratégia, mas me parece o equivalente literário da avalanche de notícias no Facebook: apenas mais uma garota. Um sistema perverso de *copycats* e assassinos impunes, como se a causa de todas essas mortes fosse quase sobrenatural. Como se o autor tivesse que desviar o olhar dos restos mortais e só pudesse deixar um registro deles. "Aí estão as mortas, para quem quiser contá-las", parece dizer o romance. O problema é que o romance não as conta, na verdade as contabiliza. Está tão saturado de mortes, que é como visitar um cemitério: não há nada ali que capture ou comova a razão.

9. Procuro na internet a localidade de Los Herreras em Tucumán. Não existe. Há Los Herrera (sem "s"), ao sul da capital da

província. A web lista apenas seu código postal (4113) e os dados de longitude e latitude. Com isso é possível procurá-la em mapas. Aparece no final da Rota Provincial 306. Em um site de turismo da província se descreve o percurso desta rota de 79,6 km:

> Começa na cidade de Banda del Río Salí, atravessa a Rota Nacional 9 e depois se conecta com San Andrés, Los Villagra, Los Bulacio, Villa Fiad, Los Sueldos, Santa Rosa de Leales e Villa de Leales.
>
> A partir desta última, a estrada é de cascalho, e encontramos a área chamada Los Quemados, no final da Rota 354. Em seguida, encontramos a área de Nueva España, Los Gómez, Los Romano, Los Gramajo, para terminar em Los Herrera. Na estação chuvosa, geralmente é coberta com grandes poças.

No Google Maps, a Rota 306 está cortada em Santa Rosa de Leales, o resto não foi mapeado, muito menos filmado ou fotografado pela empresa transnacional. Os povoados além de Los Quemados, aqueles vilarejos formados por sobrenomes, famílias, poderosos proprietários de fazendas e entrincheirados desde os tempos coloniais, estão realmente fora do mapa. Eles não existem. Um pouco mais a oeste, no espaço que essas vilas deveriam ocupar e não ocupam, quase na fronteira com a província de Santiago del Estero, na Rota 327, há uma vila chamada Mulher Morta. Ao norte, faz fronteira com outra chamada Vícios.

10. Toda ficção é uma tentativa de compreensão, uma pergunta que insiste, um quadradinho vazio.

11. É assustador que haja uma vila chamada Mulher Morta em Tucumán. É arrepiante por causa do que essa província significa hoje na Argentina. Há muito que deixou de ser "o

berço da nossa Independência" para ser associada ao horror e à corrupção. Sabemos há muito tempo que essa não é uma província qualquer: é o lugar onde Marita Verón foi sequestrada em 2002. Sabemos disso por causa da luta incansável de sua mãe, Susana Trimarco, que denunciou os sequestradores como os principais responsáveis pela rede de tráfico de mulheres naquela província. Sabemos disso por investigações que acontecem há quase duas décadas, por livros como *La red*[9] [A rede], de Sibila Camps, que conta como funcionam o tráfico e a escravidão sexual de mulheres e meninas na província, uma trama que se estende por todo o país para abastecer bordéis até na Patagônia e no exterior. O livro narra como essa rede nasceu da matriz econômica da província, dos pactos de silêncio nos engenhos de açúcar dos latifundiários, do medo e do direito de matar que certas famílias estabeleceram muito cedo naquela área, da repressão brutal durante a ditadura. Todos sabemos, como admite com dor essa jornalista que cobriu o caso durante quase dez anos, que Marita Verón está provavelmente morta. Todos sabemos que Tucumán é um lugar onde as mulheres desaparecem para sempre.

12. No dia seguinte à publicação da cédula nas redes sociais, a Protex [Procuradoria de Tráfico e Exploração de Pessoas] apresentou queixa, e o caso chegou aos jornais. "Nos arquivos da Direção Geral do Registro de Pessoas Desaparecidas da província de Buenos Aires, Abigail Gabriela Suárez Chaves foi registrada como desaparecida em Berazategui faz três anos e meio", publica o jornal *Página12* em sua seção Sociedade sob o subtítulo "Desaparecida em 2012, em uma rede de tráfico". Um jornal online, *La Opinión*, afirma: "especialistas no combate ao tráfico de pessoas destacam o papel cada vez

mais eficiente desempenhado pelas redes sociais, que servem como ferramentas para os cidadãos alertarem e divulgarem situações de escravidão e abuso."

A história ganha vida pela imprensa. Agora é real. É possível imaginar a menina da fotografia trancafiada, deitada em uma cama suja, naquela cidade com fachadas sem reboco onde o sol brilha demais, uma cidade onde até o cachorro e a criança que atravessam a rua sabem o quão pouco vale a vida de uma mulher.

13. Por que não escrevo uma matéria sobre isso em vez de gastar palavras em resenhas de jornais? Porque tenho medo, porque não sei como. No entanto, há a pasta cheia de notícias em meu computador, esperando.

14. É arrepiante, mas não surpreendente, que a menina morta percorra de maneira sinistra nossos mapas. É um fantasma real, não de contos de fadas, e, como tal, atravessa a história do mundo. Em *A condessa sanguinária*, Valentine Penrose conta a lenda de que, ao construir um castelo na antiga Hungria, uma menina era morta e colocada em suas fundações. "Para trazer sorte, dar abundância e garantir a descendência de seus donos, os pedreiros haviam emparedado a primeira jovem que passava por ali. E durante séculos, o castelo repousava assim sobre um frágil esqueleto."[10] A partir dessa ideia perturbadora, María Negroni analisa o gótico como uma emoção do espaço na qual aninha o que a cultura não pode trazer à luz, o modo como uma sociedade, predominantemente masculina e solar, exclui, sucumbe e, ao mesmo tempo, silencia o princípio feminino.[11]

A garota morta, sacrificada para o estabelecimento de um castelo que mais tarde se tornará uma cidade, parece-me anterior ou pelo menos simultânea ao lobisomem do homem. Sobre essas duas fábulas, funda-se um povo, um país, uma ordem, um suposto estado de direito.

15. É verdade que há o registro da crônica, que deu origem a livros essenciais, como o de Sergio González ou o de Sibila Camps. Mas o jornalismo também parece insuficiente para narrar tudo isso. Talvez porque só possa contar parte da história: o rapto, a violência, os culpados, os contextos, os julgamentos. Às vezes espera-se, com sorte, o resgate e a condenação. Mas algo está faltando nesse registro. Falta o que acontece em "Relato achado: vazio". Falta o dia seguinte.

16. Em um dos livros de fadas que li em novembro de 2015, encontro uma ideia que me deslumbra porque parece conter uma chave para contar um pouco do que falta naquelas histórias. A ideia não está em um conto, mas no prólogo de Jonathan Cott a *Cuentos de hadas victorianos* [Contos de fadas vitorianos], editado pela Siruela.[12] Entre outras coisas, esse autor discute o efeito terapêutico da narração de mitos e lendas. Como parte de seu argumento, cita um texto de Susan Sontag que relata sua viagem a Hanói em 1968. Uma das coisas que mais impressionou a ensaísta norte-americana foi o tratamento que os norte-vietnamitas deram às milhares de mulheres resgatadas dos bordéis que invadiam a cidade sob domínio francês.

> Elas foram postas sob a tutela do sindicato de mulheres, que ergueu centros de reabilitação no campo, onde foram cuidadas e mimadas por meses. Contos de fadas eram lidos para elas, histórias infantis eram mostradas, e elas eram obrigadas a sair para brincar. "Isso", explicava Phan [o guia de Sontag durante a viagem], "era para restaurar

sua inocência e fé na humanidade. Essas mulheres conheceram o lado mais horrível da natureza humana. A única maneira de esquecerem isso era voltar a ser crianças."[13]

17. Cinco dias depois da denúncia causada pela nota de dez pesos, foi publicada em vários jornais a notícia de que Gabriela Suárez não foi sequestrada. "O pedido de ajuda da menina com a nota de dez pesos era falso", diz o portal *Minuto Uno*. E *La Voz del Interior* explica: "A Procuradoria-Geral para o Tráfico e Exploração de Pessoas especificou detalhes sobre Abigail Gabriela Suárez Chávez: ela desapareceu em 2012 e foi encontrada dias depois, sem sinais de ter sido submetida ao tráfico." Em nota oficial da Procuradoria-Geral da República, alguém esclarece:

> Conseguimos fazer contato telefônico com a jovem, que, com base na grande publicidade que o caso alcançou na mídia, apresentou-se hoje na sede do Registro de Pessoas Desaparecidas do Ministério da Segurança da Província de Buenos Aires. Na ocasião, ela confirmou que estava bem e pediu que parassem de divulgar seus dados pessoais e sua foto, para sua tranquilidade, a de sua família e amigos.

"Da Procuradoria-Geral da República, continuamos trabalhando em outras linhas de investigação do caso", conclui a nota.

18. Um de meus irmãos foi meu mestre de kung fu por muitos anos. Com ele, eu, que nunca tinha me interessado por habilidades corporais, finalmente saí de meu próprio dualismo, aprendi que a disciplina do corpo e a da mente andam juntas. Tratava-se de confiar meu aprendizado não à capacidade da mente de dissecar, entender e lembrar, mas a outro tipo de me-

mória, a dos músculos e do sangue. "O corpo tem memória", dizia meu irmão para rebater minha insistência em racionalizar os exercícios. Graças às aulas dele, entendi que a única maneira de escrever um romance é esquecer que você está escrevendo. Pensar no parágrafo de hoje, na linha de hoje. Repetir os passos, avançar em variações sutis é uma forma de compor o todo. A forma completa aparece no final, como nas artes marciais. Em uma aula, meu irmão me contou sobre alguns monges que acreditam que nós, humanos, temos um número certo de respirações. Eles então desenvolveram um modo de meditação em que se concentram em respirar com cada vez menos frequência. O ar torna-se precioso e lento nessas sessões, passando pelos pulmões como se viesse de um deus.

19. Na particular sintaxe do Direito, o comunicado da Procuradoria-Geral da República pretende deixar em suspenso tudo o que importa. Que outras linhas de investigação e de que caso? O desaparecimento de Gabriela Suárez, que esteve ausente por três dias? A presença ou ausência de "marcas de tráfico" em um corpo? A presença ou ausência de mulheres cujo último recurso é escrever uma história em uma nota de dez pesos?

20. "A única maneira de esquecerem isso era voltar a ser crianças." Penso muito nessa frase pelo que li sobre o Vietnã; a ideia insiste naqueles dias de novembro de 2015, não me abandona. Assim como o conceito de inocência. A palavra é tingida com seus opostos. "Inocente" é "quem não tem culpa" ou "aquele que ainda não pecou". Foi só no século XV que começou a ser usada para se referir a crianças e animais, que são "puros" porque não conhecem o mal. Quem, então, conhecendo o mal, é capaz de esquecê-lo?

21. E se, em vez da respiração, resulta que nós, humanos, temos palavras contadas? Quantos eu já esbanjei na "ferrugem resenhil", como Vivian Abenshushan chama?[14] Quantas ainda passarão, preciosas e lentas, por mim, como se viessem de um deus?

22. Procuro na internet o ensaio de Susan Sontag. Chama-se "Viagem a Hanói". Opositora ferrenha da intervenção estadunidense no Vietnã, Sontag diz que aceitou o convite de seu governo para viajar ao norte daquele país apenas com a condição de não escrever sobre a viagem.

Não sou jornalista nem ativista política (embora tenha assinado petições e ido a marchas contra a guerra), também não sou especialista em Ásia, sou apenas uma escritora obstinada em não me especializar, uma escritora que até hoje não conseguiu incorporar em seus ensaios ou romances suas convicções políticas cada vez mais radicais e sua consciência do dilema moral que implica ser uma cidadã do império americano.[15]

23. Apesar de vários sites alertarem para a falsidade do pedido de ajuda de Gabriela Suárez, no dia 21 de novembro, o site En Pareja publicou a notícia da nota com o título "Tabu", sob o qual se lê "O Caolho me mantém, por favor, mamãe, me ajuda". O texto repete a informação que já circulou em outros meios de comunicação, mas no fim o portal inclui um levantamento: "Você acha que eles vão resgatar Gabriela sã e salva?" As pessoas podem votar sim ou não, vejo que 52 pessoas apertaram um botão ou outro, mas o link para saber o resultado foi desativado.

24. Mas o corpo tem memória.

25. O pedido de ajuda é falso, porém a história não para, pôs em marcha sua cadeia de perguntas e hipóteses imparáveis. A nota fez seu trabalho no imaginário, pelo menos no meu. O que aconteceu com Gabriela Suárez? Por que desapareceu? Como ela foi encontrada três dias depois? Acima de tudo, quem escreveu o pedido de ajuda na cédula e por quê?

26. Em "Viagem a Hanói", depois que Phan termina seu relato sobre a terapia que foi implementada em seu país para trazer aquelas mulheres de volta à vida, Sontag reflete: "Um povo que pode criar esse tipo de terapia realmente tem uma imaginação moral muito diferente da nossa."[16]

27. "Esse tipo de relação com as redes sociais facilita a circulação de *fake news* ou recortes da realidade que enfurecem ou geram empatia, aos quais comentamos ou damos *likes*; nossas reações emocionais refinam os algoritmos para melhorar ainda mais a eficiência das mensagens futuras", continua explicando Sonya Song em uma nota na revista *Anfibia* que defende o surgimento de uma consciência crítica nos usuários como a única maneira de evitar a desinformação que surge da proliferação de notícias falsas.[17]

28. Mas, ao retornar do Vietnã, Sontag descobriu que não podia deixar de escrever sobre isso.

29. O jornal da Telefé entrevista o pai de Abigail Gabriela na porta de sua casa, em Berazategui. "Nada a ver, nada a ver", diz o homem de sessenta anos, que esclarece que a notícia da nota lhe chegou pelo "Face". A legenda sob seu rosto diz: "Pedido de socorro ou piada de mau gosto? Uma nota, uma men-

sagem e o fantasma do tráfico." Em seguida, a mãe sai, com uma bebê nos braços. "Meu marido e eu nos perguntamos de onde tiraram tantos dados." Abigail Gabriela não aparece diante das câmeras, e o único que a menciona é o jornalista. O vídeo tem apenas 1,43 minuto de duração.

30. Como esquecer o mal, tornar-se inocente de novo graças a um relato?

31. Meses depois de ler o ensaio de Sontag, começo a escrever um romance tentando trazer essa questão para a ficção, esse tipo de terapia idealizada pelos norte-vietnamitas. Invento uma aldeia em um país sem nome, mais parecido com a Argentina do que com o Vietnã, uma cidade onde todos os anos as garotas são escolhidas para viver em uma casa especial, um centro de recuperação aonde chegam as mulheres resgatadas de uma rede de tráfico. As meninas fazem parte da terapia, além das brincadeiras e dos contos de fadas. Elas estão lá para contagiar com sua inocência aquelas mulheres que não podem falar, que não podem acreditar no humano novamente. Passo anos escrevendo essa história, tentando me pôr no lugar dessas mulheres, pensando no dia seguinte, em como é possível voltar a viver em uma sociedade que falhou com você tão miseravelmente. Tento imaginar isso, entendê-lo.

32. "Um pedido de ajuda ou uma piada de mau gosto?", pergunta o telejornal. "Essas são as duas únicas opções?", penso quando assisto ao vídeo.

33. Escrevo a uma amiga sobre essas questões, conto-lhe minhas dúvidas na tentativa deste romance. Ela me lembra

o texto de Adorno sobre como escrever depois de Auschwitz. Tantas vezes a humanidade pensou que não era possível continuar a escrever e, no entanto, a literatura não desapareceu. Penso muito nisso. Lembro-me de um texto de Coetzee sobre o estado de terror na África do Sul do Apartheid, sobre como os romancistas pareciam estar tomados por uma lógica perversa que os deixava com apenas duas posições em que esse Estado sempre vencia: ceder e contar as obscenidades — as torturas, as humilhações — do terror ou silenciá-las.[18] Há, diz Coetzee, maneiras de escapar dessa lógica. Uma delas é questionar o lugar de quem escreve, questionar o próprio aparato da literatura realista como sistema de representação associado a esse modo de exercer do poder. Releio esse texto e o de Adorno. Penso no Holocausto, em nossos desaparecidos. Como seria escrever saindo desses lugares binários. A diferença é que, vistos a partir de hoje, esses horrores começaram e acabaram. Encontram um encerramento até na história (embora não na história individual e social de quem ainda procura um filho, uma irmã, um pai). A violência contra as mulheres, por outro lado, não é um "evento", é sistemática e parece não ter fim. Como se conta isso?

34. "Quando o personagem central é uma vítima, não quem age, mas sobre quem se age, não pode haver intriga real", diz John Gardner em um velho manual para romancistas.[19]

35. Será que os norte-vietnamitas sabiam que os contos de fadas são ferramentas sinistras? Que, por trás das fadas, dos ogros, das madrastas e dos príncipes, está o espírito da menina morta? Ou será que lhes contavam outro tipo de contos de fadas, de uma tradição diferente?

36. Pouco depois de começar a escrever aquele romance, parei de resenhar livros para jornais.

37. Gostaria de saber quem começou a história da nota em 2015, o ano #Niunamenos. Embora eu saiba que há possibilidades mais perturbadoras, escolho acreditar que foi uma mulher, uma jovem, alguém que se deparou com o arquivo de desaparecimento de Gabriela Suárez na internet e imaginou e temeu que seu destino fosse o de Marita Verón. Então decidiu fazer algo, algo pequeno, mas que chamasse a atenção, algo assustador: escreveu 28 palavras em uma cédula.

38. No entanto, há registros poderosos. Estou pensando no conto de Mariana Enríquez, "As coisas que perdemos no fogo",[20] e em *Space Invaders* [Invasores do espaço],[21] a novela de Nona Fernández Silanes. Seus procedimentos são diferentes, mas essas autoras conseguem algo que para mim é uma confirmação deslumbrante: na pura ficção — longe do realismo, longe de um registro que repete os lugares-comuns da crônica a que estamos acostumados —, o horror é iluminado em todas as suas dimensões, despertado, perturbado. São textos alucinatórios — um aterrorizante, outro onírico — e é por isso que vêm contar algo que não tem fim. Depois de lê-los, não somos os mesmos: vemos outras coisas.

39. O pedido de ajuda da cédula era falso?

40. Três anos depois de seu início esperançoso, abandono definitivamente o romance que estou escrevendo. Já estamos em 2018, e nesses anos o jornalismo mudou bastante a forma como noticia a violência contra as mulheres (o que não significa que

a sociedade seja menos machista ou que menos feminicídios ocorram, mas é, sem dúvida, uma conquista do movimento feminista). No entanto, não é porque o assunto me atrai menos que deixo de trabalhar nesse texto. Não sou capaz de criar essa utopia, pelo contrário. Nela tentei tecer algumas vozes, algumas das histórias das notícias que guardei no meu computador, mas nada do que escrevi me convence, nada é suficiente, nada deixa de ser uma transação. Não é uma questão de habilidade narrativa, o problema é emocional e político: não acho que a literatura, muito menos uma escritora em particular, seja uma voz privilegiada nessa questão. Escrever esse romance me colocaria, talvez, nesse lugar. Além disso, não há registro que possa fazer justiça a essas histórias, ao dia seguinte.

41. "Nessa ocasião, [a jovem] solicitou que seus dados pessoais e fotografia deixassem de ser difundidos para sua tranquilidade, de sua família e amigos."

42. Relato achado: (vazio)

43. É fácil passar daquela menina imaginária para centenas, milhares, para milhões de mulheres escrevendo a história de Gabriela Suárez em notas de dez pesos. Ou melhor: escrevendo seus próprios relatos de violência de gênero. Mulheres se apropriando de séculos de violência sistemática, trazendo-a à luz, devolvendo à sociedade seu mito, escrevendo suas histórias. Imagino essas cédulas circulando pelo país, passando de mão em mão, exibindo o horror em perfeita convivência com os símbolos da pátria, uma viralização *in real life* [na vida real], um fantasma em cada transação inofensiva.

44. Não se especializar. Ser uma escritora que insiste em ser apenas isso, em permanecer aberta às formas, em não saber como incorporar suas convicções políticas em seus romances. Especializar-se em não saber.

45. O ano é 2019. Arrumando textos e ideias, faço uma revisão final daquele romance fracassado, como quem fecha a porta de uma casa em que morou por muito tempo. Abro a pasta com essas notícias, passo por algumas delas e deparo com a história da cédula novamente. Releio as 28 palavras com o pedido de ajuda. Percebo que alguém já escreveu essa história muito melhor do que qualquer escritora. Além do mais, fez isso no lugar certo, no lugar perfeito. Penso nessas coisas, reescrevo essas notas. Porque às vezes 28 palavras bastam, 28 palavras são suficientes.

[1] Hinde Pomeraniec, "Vos, tu amiga, tu hija, tu madre", *Anfibia*, San Martín, 2 jun 2015, disponível em https://revistaanfibia.com/vos-tu-amiga-tu-hija-tu-madre/.

[2] Giambattista Basile, *Pentamerone. El cuento de los cuentos*, Madri: Siruela, 1995. [Ed. bras.: *O conto dos contos: Pentameron ou o entretenimento dos pequeninos*, trad. Francisco Degani, São Paulo: Nova Alexandria, 2018.]

[3] Bruno Bettelheim, *Psicoanálisis de los cuentos de hadas*, Barcelona: Editorial Crítica, 2006. [Ed. bras.: *A psicanálise dos contos de fadas*, trad. Arlene Caetano, Rio de Janeiro: Paz e Terra, 2009.]

[4] Jack Zipes, *Fairy Tales and the Art of Subversion*, Londres: Routledge, 2011. [Ed. bras.: *Os contos de fada e a arte da subversão: o gênero clássico para crianças e o processo civilizador*, trad. Camila Werner, São Paulo: Perspectiva, 2023.]

[5] Giambattista Basile, op. cit.

[6] Sonya Song, "El *like* cerebral", *Anfibia*, San Martín, 21 set 2017, disponível em https://revistaanfibia.com/el-like-cerebral/.

[7] Roberto Bolaño, *2666*, trad. Eduardo Brandão, São Paulo: Companhia das Letras, 2010.

[8] Sergio González, *Huesos en el desierto*, Barcelona: Anagrama, 2002.

[9] Sibila Camps, *La red. La trama oculta del caso Marita Verón*, Buenos Aires: Planeta, 2013.

[10] Valentine Penrose, *La condesa sangrienta*, Madri: Siruela, 2001. [Ed. bras.: *A condessa sanguinária*, trad. Regina Grisse de Agostino, Rio de Janeiro: Paz e Terra, 1992.]

[11] María Negroni, "Negra belleza del deseo", *Página12*, Buenos Aires, 8 maio 2015, disponível em https://pagina12.com.ar/diario/suplementos/las12/13-9684-2015-05-08.html.

[12] Jonathan Cott (org.), *Cuentos de hadas victorianos*, Madri: Siruela, 1993.

[13] Susan Sontag, "Trip to Hanoi", *Esquire*, Nova York, dez 1968, disponível em https://esquire.com/news-politics/a12241193/trip-to-hanoi/. [Ed. bras.: "Viagem a Hanói", in *A vontade radical: estilos*, trad. João Roberto Martins Filho, São Paulo: Companhia das Letras, 2015.]

[14] Vivian Abenshushan, *Escritos para desocupados*, Oaxaca: Surplus, 2013.

[15] Susan Sontag, op. cit.

[16] Idem.

[17] Idem.

[18] John Maxwell Coetzee, "Into the Dark Chamber: The Writer and the South African State", in *Doubling the Point. Essays and Interviews*, Massachusetts: Harvard University Press, 1992.

[19] John Gardner, *On Becoming a Novelist*, Nova York: Harper&Row, 1983.

[20] Mariana Enríquez, "Las cosas que perdimos en el fuego", in *Las cosas que perdimos en el fuego*, Barcelona: Anagrama, 2016. [Ed. bras.: "As coisas que perdemos no fogo", in *As coisas que perdemos no fogo*, trad. José Geraldo Couto, Rio de Janeiro: Intrínseca, 2017.]

[21] Nona Fernández Silanes, *Space invaders*, Buenos Aires: Eterna Cadencia, 2014. [Ed. bras.: *Space invaders*, trad. Silvia Massimini Felix, Belo Horizonte: Moinhos, 2021.]

Epílogo

FAZER SILÊNCIO

Quando eu era criança, às vezes brincava de telefone sem fio. Não sei se gostava, achava um pouco estranha a voz de outra pessoa em meu ouvido. Me repelia e ao mesmo tempo me atraía aquele calor que entrava em meu corpo junto com a linguagem, as palavras depositadas em mim como um dever, rápido, algo que não precisava ser compreendido, e sim apenas ouvido, registrado para entregar.

Gostava mais de semear mal-entendidos. Interromper a intimidade de outra pessoa, quase como uma violência, livrar-me do segredo e ao mesmo tempo torná-lo novo sem querer para chegar àquele momento da risada desencadeado pela frase final, deformada, brilhante e estranha graças aos nossos sussurros. Era uma espécie de mediunidade coletiva. Quem falaria através de nós? Havia a possibilidade de uma mensagem do Além, de que algo diferente — que não vinha de nenhum eu — se manifestasse. A frase original era a coisa menos importante. A distorção importava como programa. Rir da clareza. Aprender a estupidez intrínseca do sentido, sua irrelevância diante da possibilidade de fazer algo novo a partir de algo velho e desgastado, sem importar quem disse o quê.

Eu gostaria de poder falar agora do jeito que esse jogo fala. Insistir no mal-entendido toda vez que me pedem clareza, uma explicação, uma ajudinha para o leitor ou para o jornalista cultural. Brincar de telefone sem fio. Em cada aparição, um desaparecimento. Roubar o corpo e a voz, nunca mais ser aquela que fala e fala sobre os livros que alguém escreveu.

"Antes, em torno de um artista, havia uma conspiração do silêncio; hoje, em torno do artista, há uma conspiração do barulho. E se pode sair do silêncio graças ao barulho, mas é menos fácil sair do barulho se não for por meio do silêncio." Jean Cocteau escreveu essa frase em 1958. Acho que a conspiração do barulho é muito mais eficaz agora do que era na época.

Uma coisa é os livros circularem, serem visíveis, outra bem diferente é tornar-se uma animadora, uma militante de si mesma. Isso é ser cúmplice do barulho.

Eu, eu, eu: outros já o disseram.

Não é que haja uma conspiração contra mim ou contra os escritores. A conspiração do barulho engloba todos nós. Mas o pensamento e a escrita crescem na penumbra, na solidão, em outro tipo de conversa com os livros e com o próprio devaneio. Como podemos estar no mundo de hoje e, ao mesmo tempo, preservar a penumbra? Não estou falando de se retirar: estou falando de "silêncio, exílio e astúcia".

O poeta, diz Cocteau, deve-se apenas ao seu segredo, ao que vislumbrou entre este mundo e outro, o que é e ao mesmo tempo não é verbalizável. É como o mergulhador que afunda no mar e, correndo risco de vida, regressa com uma pérola. Como ele vai explorá-la? Tê-la encontrado, tê-la trazido para o mundo da linguagem é tarefa suficiente. A pérola de Cocteau é como a rosa de Coleridge: prova da existência de outra realidade — vamos chamá-la de realidade da imaginação ou do pensamento. A rosa ou a pérola não estão no lugar de outra coisa, não são representações: são indícios, têm valor experimental.

Em que momento deixamos de brincar com a distorção e nos rendemos à clareza, à boa pontaria, à explicação, ao encurralamento do desconhecido?

O silêncio nunca foi tão revolucionário.

Sei que estou conjurando o mercado, a pobre arte abatida transformada em mercadoria etc. Mas não tenho vontade de seguir por esse caminho, de argumentar, de ceder ao "esfacelamento sociopolítico da literatura", como diz Christian Ferrer. Não quero falar nesses termos porque esses termos são parte do problema. É preciso pensar nos outros, olhar mais longe, mais fundo.

Harpócrates era o deus egípcio do sol menino. O sol, promessa que renasce todos os dias, filho de Ísis e Osíris, uma versão infantil de Hórus. Ele era retratado com um dedo quase sobre os lábios, um equivalente, ao que parece, do hieróglifo para "criança". Os gregos entenderam mal esse gesto das estátuas de Harpócrates e associaram o deus ao silêncio, aos segredos, aos pactos de confiança.

Joyce: "Não vou mais servir ao que não acredito. E tentarei me expressar de alguma forma na vida e na arte, o mais livremente possível, o mais plenamente possível, usando para minha defesa as únicas armas que me permito usar: o silêncio, o exílio e a astúcia."

Então, agora: silêncio.

Há dois silêncios que se observam no mesmo espelho: o silêncio do texto e o da autora; o segundo nada mais é do que reciprocidade para com o primeiro, é agradecimento.

Volto a Coleridge. Alguém vai ao paraíso e traz uma rosa. Que explicação podemos pedir? A flor não é suficiente? E pior: quem pensaria em pedir-lhe para trazer uma dúzia? Ou fazer elixir de rosas e vendê-lo? Explicar uma árvore, um besouro, uma pedra seria a mesma coisa.

O silêncio não é a ausência de som, não é sequer ausência de palavras: é presença de outra coisa.

Se o risco é a invisibilidade, prefiro isso ao barulho. Naquela passagem de *Um retrato do artista quando jovem*,[1] não se fala de um modo de expressão como separado da vida. São armas para a vida, são armas para uma guerra secreta que Joyce nos dá, uma guerra em que estamos todos envolvidos.

A ficção não é o encurralamento do desconhecido, é apenas sua sinalização. Para alguns, não parece muito.

Wilde: "Não me rebaixe a ponto de me pedir dados úteis."

Sei que ninguém mais viaja para o paraíso. Yeats o fez: visitou várias vezes o jardim da Árvore da Vida. Ele não trouxe uma rosa, mas ainda assim acreditamos nele.

Vendo o deus com o dedo nos lábios, os gregos semearam o mal-entendido, e dessa semeadura nasceu outro tipo de magia.

O silêncio, diz Anne Carson, é um terceiro lugar entre o caos e o nome. Não se deve confundi-lo com resignação ao que não pode ser dito. Muito pelo contrário. É uma terceira possibilidade: não nomeia nem deixa de fazê-lo. A tradutora faz desse lugar a sua casa. Ela também pensa assim em relação à pintura de Francis Bacon. Não é o inominável: é o que se nomeia calando, a marca deixada por uma resistência, um passo divino.

Fazer silêncio com palavras: a tarefa de toda escrita de ficção.

A rosa não é suficiente, por isso Yeats calava, se mascarava, se escondia atrás da flor e do cavaleiro. Uma lição de astúcia: sua teoria do símbolo. Treinou-se por quase quarenta anos nisso até começar a falar, e sempre com poucos, em alguns versos.

Há contos que põem essa tarefa em primeiro plano. Vou tentar dizer algo sobre alguns deles. Como é que conseguem fazer silêncio com palavras. Não se trata de desvendar qualquer sentido: pelo contrário, quero mostrar como o sentido escapa por essa fenda. Os autores e as autoras deixaram algo ali, algo que resiste à interpretação. Esse algo está aí como um aviso. Não é um símbolo nem uma metáfora. É uma presença. Está lá para que nos choquemos contra ela e não possamos ir mais longe. Não há mais longe.

Então, agora: astúcia.

"As neves do Kilimanjaro":[2] um homem e uma mulher em um safári na África. Estão presos no acampamento no sopé da montanha. Ele está deitado em uma rede, está morrendo de gangrena. Os dois conversam enquanto aguardam a morte e sentem as hienas se aproximando. Nos intervalos dos diálogos, ele recorda coisas. Pensa nela, às vezes de forma insultuosa, às vezes com gentileza. O conto não é sobre isso. Ou sim. Ele acha que gostaria de outra companhia para a morte. Medita várias vezes sobre as histórias que já não vai escrever. As hienas estão se aproximando do acampamento. Ele sente que alguém o pega e o enfia em um avião. Do ar, ele vê o cume coberto de neve do Kilimanjaro, tem certeza de que é para onde ele está indo, mas a história volta para a mulher, que o vê ainda na rede, morto. Hemingway deu a essa história uma epígrafe com um parágrafo que os críticos ainda debatem. Morte, pureza, fracasso, triunfo?, arriscam. Hemingway ri dessas tentativas de interpretação em várias ocasiões.

Ocultismo e literatura: a relação é mais próxima do que se imagina. Walter Benjamin percebeu isso, mas assustou-se, pareceu-lhe pouco revolucionário: "A arte pela arte quase nunca foi levada ao pé da letra, foi quase sempre um pavilhão sob o qual navega uma mercadoria que não pode ser declarada porque lhe falta o nome. Este seria o momento de ir para uma obra que ilustraria como nenhuma outra a crise da arte que estamos testemunhando: uma história da criação literária esotérica."

Esta é a epígrafe do conto de Hemingway: "O Kilimanjaro é uma montanha coberta de neve, a 5.895 metros de altitude, e diz-se que é a mais alta da África. Seu nome é, em maasai, *Ngáje Ngái*, 'a Casa de Deus'. Perto de seu pico se encontra a carcaça seca e congelada de um leopardo, e ninguém nunca foi capaz de explicar o que o leopardo estava procurando naquela altitude."

A bandeira da arte pela arte está oculta (outra coisa: não uma mercadoria sem nome).

O leopardo no pico do Kilimanjaro não é nem a rosa de Coleridge nem a de Yeats. A carcaça do animal existe ou existiu nessa montanha, vários alpinistas a viram, um até lhe cortou uma pata para levá-la como lembrança. Os naturalistas dizem que o leopardo pode ter subido tão alto seguindo uma presa, há quem afirme que a carcaça do antílope que ele estava perseguindo foi encontrada ainda mais acima. Claro que sempre há uma explicação. Não é nisso que Hemingway e nós estamos interessados.

Ninguém acusaria Hemingway de ser esotérico, então é bastante seguro seguir por esse caminho.

Em alguns contos, o silêncio é um elemento supérfluo, ou parece supérfluo. Não serve para nada. Muitos insistem em interpretá-lo e falham. Em alguns casos, como acho que é este de Hemingway, é quase uma vingança do autor, sua sinalização ao desconhecido. A crítica tentou interpretar o leopardo no Kilimanjaro como um símbolo de fracasso, de imortalidade, da futilidade da vida, mas, na realidade, cumpre uma missão secreta, é como um hóspede que se aloja em uma casa para explodi-la durante a noite enquanto todos dormem. A leitura da história não consegue fazer com que a carcaça do leopardo se encaixe perfeitamente. É um excesso, é o que resiste.

Yeats: "Nós que escrevemos, nós que testemunhamos, muitas vezes ouvimos nossos corações clamarem contra nós reclamando que revelamos seus segredos, e sei muito bem que aquele que fala de sabedoria em meio às mudanças pelas quais o mundo está passando hoje às vezes terá de temer a ira do reino das fadas cujo país é o coração do mundo — a Terra do Coração Vivo."

A crise da arte para Benjamin era, em parte, o surrealismo. O telefone sem fio não o convencia. Ele também o achava pouco revolucionário.

Se estou sendo obscura, é porque estou tentando sair do barulho. Paciência.

Na primeira versão do conto de Hemingway, a epígrafe era uma citação tirada do livro de uma viajante que ele admirava, Vivienne de Watteville. Um editor convenceu-o a escrevê-la em suas próprias palavras. "Kilimanjaro" não significa "a Casa de Deus", os nativos chamam esse pico de "o Brilhante". Mas por que o leopardo? Ouçamos a risada de Hemingway — embora a citação seja longa, vale a pena. Em uma conferência, ele disse que uma mulher rica se ofereceu para pagar-lhe um safári na África, uma viagem que ele não pudera fazer por causa das guerras. Ele não aceitou a oferta, mas foi para sua casa em Key West e começou a pensar no que teria acontecido se tivesse aceitado. Foi assim que ele escreveu esse conto.

Comecei a inventar e me tornei o cara que faria o que eu inventei. Eu sei alguma coisa sobre morrer porque quase passei por isso. Não apenas uma vez... Então inventei esse cara que não pode me processar porque sou eu mesmo e coloquei em um único conto coisas que, digamos, poderia pôr em quatro romances e isso se você tiver cuidado para não desperdiçar. Então eu vou e ponho tudo o que venho guardando nessa história. Aposto tudo, mas não estou jogando. Ou talvez sim. Quem sabe? Jogadores de verdade não jogam. Ou pelo menos acham que não jogam (sim, Jack, não se preocupe, eles jogam). Então eu invento o homem e a mulher da melhor forma possível, e também ponho tudo o que é verdade, e com todo esse peso, um peso desmedido para um conto suportar, o maior peso que qualquer conto já suportou, a história, no entanto, alça voo. Isso me deixa muito feliz. Por um tempo, acho que este e 'Macomber'[28] são alguns dos melhores contos que posso escrever, então perco o interesse e me dedico a outras formas de escrita por um tempo. Alguma pergunta? O leopardo? Faz parte da metafísica. No caso, não me contrataram para explicá-lo ou para explicar nada. Não tenho obrigação nenhuma de lhes dizer nada. Culpem a *omert*à. Procurem essa palavra. Não gosto dos delatores, apologistas, fofoqueiros, proxenetas. Nenhum escritor deveria ser nada disso para seu próprio trabalho.

Para Yeats, as fadas não são uma metáfora nem uma referência simpática e folclórica à sua Irlanda natal. Vamos ouvir seriamente o que ele tem a dizer, o que ele continua a dizer um século depois de escrever aquelas linhas: ele é alguém que esteve de verdade na Terra do Coração Vivo.

Omertà significa "código do silêncio". É uma palavra da máfia. Nós a compreendemos muito bem, nós "que escrevemos, que testemunhamos".

Crise da arte etc. etc. Ouçamos Benjamin preocupar-se com isto: "Confessemos então que os caminhos do surrealismo passam por telhados, para-raios, sanefas, grades, veletas, arte-soados (todos os ornamentos servem a quem escala fachadas); confessemos que eles também chegam até o úmido quarto dos fundos do espiritismo."

Se estou sendo obscura, é porque a claridade não existe. Vemos penumbras e testemunhamos isso. Acima, no topo de "o Brilhante", está a carcaça de um animal da savana. Morreu congelado. Não deveria estar lá. Mas está.

O equívoco de Harpócrates criou outro tipo de magia, uma divindade que protege aqueles que se aventuram no Abismo, no Paraíso, no terceiro lugar.

Yeats: "Escrevi sobre esses desabafos, essas liberações do mais profundo com cuidado e em detalhes, mas desejo que minhas compilações permaneçam privadas. Afinal, só se pode dar testemunho, mais para proteger aquele que crê, como diz Blake, do que para convencer o incrédulo, suportando a incredulidade, a dúvida e o ridículo da melhor forma possível."

"No entanto"... diz o leopardo no topo.

O que menos me preocupa é o quarto dos fundos do espiritismo. Ou surrealismo, no caso.

Outro conto que põe um sinal de silêncio sobre nosso coração. "Êxtase",[4] de Katherine Mansfield. Bertha Young e uma emoção que transborda as possibilidades da linguagem, para a qual o inglês tem um termo inexistente em outra língua. *Bliss*, felicidade plena que equivale a "ter engolido um pedaço do sol da tarde", é um tipo de alegria que não nos acontece em espanhol, uma alegria tão sobrenatural, tão visionária, tão alienante que às vezes, só às vezes, chega perto da estupidez. Estupidez, espanto, assombro, milagre e ainda nem chegamos a nos aproximar de *bliss* em nenhum idioma. É assim que Bertha Young se sente naquela tarde, quando está planejando um jantar em sua casa. É assim que ela se sente quando vê sua filha bebê; quando vê Pearl, a amiga perfeita, até seu marido desengonçado e, sobretudo, ao ver seu jardim, com a pereira em flor. E tudo, absolutamente tudo, mas especialmente aquela árvore, entra em seu corpo como um raio de luz, a vida dentro dela refulge e volta a sair, como um brilho que redobra a alegria de estar viva a ponto de querer (e poder) devolvê-la ao mundo, a ponto de poder ser (e é) lida como uma histérica que se excita demais. A história progride de tal forma, que é quase insuportável acompanhar Bertha em sua emoção, em seu olhar para o mundo e ver apenas beleza e felicidade.

E então, no final do jantar, Bertha descobre que seu marido a está traindo com a perfeita Pearl. Alguns apontarão a semelhança entre as palavras *Pearl* e *pear* em inglês e tentarão ler o triângulo erótico, o vínculo amoroso que é insinuado entre as duas mulheres tendo Harry como pivô. Ok, é possível ler assim, por que não? Mas quero ler mais. Ou melhor, quero ler menos. Quero ler o momento em que Bertha já descobriu a traição e ainda assim volta ao jardim. Outra escritora, ou outro tipo de escritor, teria terminado a história com a revelação da infidelidade e da felicidade despedaçada, mas não é o que acontece nesta história. Mansfield quer dizer outra coisa. E, para isso, ela precisa ser mais astuta. Um nível de astúcia que se aproxime de *bliss*, que não busca epifanias, ou revelações, ou deixa o leitor desconfortável, muito menos explica a vida. O conto termina com a árvore. Deixa-nos diante da árvore, deixa-nos com a perplexidade daquela beleza que clama ao silêncio.

Wilde: "É muito mais difícil falar sobre uma coisa do que fazê-la." Cocteau: "Dizer o que foi feito equivale a não o ter feito." Mas pode-se falar sobre o que os outros fizeram. Hemingway faz isso por Faulkner. E funciona. Dá para perceber como Faulkner faz silêncio com palavras.

Yeats: "Quem pode permanecer sempre dentro do estreito caminho entre a fala e o silêncio, onde só se encontram discretas revelações? E sem dúvida, sob qualquer risco, devemos gritar que a imaginação está sempre tentando refazer o mundo de acordo com a Grande Mente e a Grande Memória."

Bertha acaba de descobrir a infidelidade. Despede-se dos convidados e vai à janela:
"— O que vai acontecer agora? — gritou.
Mas a pereira estava tão linda, tão cheia de flores e tão imóvel como sempre."

Semear o mal-entendido é começar a sair do barulho: ir em direção à aventura, ao murmúrio, ao silêncio do texto. Compartilhar apenas o que pode ser compartilhado. Testemunhar.

"No entanto"... diz a árvore no jardim.

Mansfield: a astúcia levada a um nível de maestria superior. Nunca, até onde sei, ela se rebaixou para explicar sua árvore ou mesmo se referir a esse final. Ou isso é o que eu espero. Espero que seu silêncio tenha sido o espelho da pereira em flor de Bertha Young. O signo de Harpócrates que sempre nasce de novo.

Cem, cento e cinquenta, duzentos anos de astúcia. E é preciso continuar contando.

Eu poderia continuar dando exemplos, mas acho que o leopardo e a árvore são suficientes. São contos aos quais volto quando tenho dúvidas, quando sinto que estou me desviando da tarefa. "O mais livremente possível, o mais plenamente possível."

O equívoco de Harpócrates não é este: o deus que não pede silêncio, e sim ser criança, poder nascer de novo todos os dias, isso não pede também silêncio? O nascimento de algo não convoca o silêncio e, mais ainda, a capacidade do sol de nascer todos os dias sem se cansar ou se render a um mundo do qual parece que só se pode esperar dor?

Agora, então, mais do que nunca: silêncio e astúcia (já falei do exílio em outro lugar).

Sim, Yeats acreditava em fadas. Tentou não contar para ninguém, mas não conseguiu. Faço minha profissão de fé através dele. Creio em William Butler Yeats. Acho que ele fala através de mim, como Blake falou por ele antes. Acho que toda época tem seu escritor que acredita em fadas. Creio na *omertà*. Creio no deus incompreendido. Creio em Harpócrates. Acho que ninguém escreveu a história da criação literária esotérica porque fazê-lo seria simplesmente escrever a história da literatura.

Brincar de telefone sem fio, ser tradutora de uma língua que não conheço e que, no entanto, tento levar à minha. Deixar vestígios de meu desconhecimento. Isso é tudo. As pegadas não estão no lugar de outra coisa. São o leopardo no pico, a árvore em flor.

Etimologia da palavra "milagre": sorrir diante do que não se compreende.

[1] James Joyce, *Um retrato do artista quando jovem*, trad. Tomaz Tadeu, Belo Horizonte: Autêntica, 2018.

[2] Ernest Hemingway, "As neves do Kilimanjaro", in *Contos*, trad. José J. Veiga, Rio de Janeiro: Bertrand Brasil, vol. 2, 2015.

[3] Ernest Hemingway, "A vida breve e feliz de Francis Macomber", in *Contos*, trad. José J. Veiga, Rio de Janeiro: Bertrand Brasil, vol. 2, 2015.

[4] Katherine Mansfield, "Êxtase", in *Êxtase e outros contos*, trad. Nara Vidal, Rio de Janeiro: Antofágica, 2023.

Referências bibliográficas

O CORAÇÃO NA PÁGINA

ARISTÓTELES. *Poética*. Madri: Gredos, 1974. [Ed. bras.: *Poética*. Trad. Paulo Pinheiro. São Paulo: Editora 34, 2015.]

BARICCO, Alessandro. "El hombre que reescribía a Carver". *La Repubblica*, Roma, 27 abr. 1999. Disponível em https://revistadossier.udp.cl/dossier/el-hombre-que-reescribia-a-carver/. Acesso em 25 mar 2024.

BARTHES, Roland. *El placer del texto*. Madri: Siglo XXI, 1993. [Ed. bras.: *O prazer do texto*. Trad. J. Guinsburg. São Paulo: Perspectiva, 2019.]

CARVER, Raymond. *Principiantes*. Barcelona: Anagrama, 2010. [Ed. bras.: *Iniciantes*. Trad. Rubens Figueiredo. São Paulo: Companhia das Letras, 2009.]

DELEUZE, Gilles. *Spinoza. Filosofía práctica*. Barcelona: Tusquets, 2001. [Ed. bras.: *Espinosa: filosofia prática*. Trad. Daniel Lins e Fabien Pascal Lins. São Paulo: Escuta, 2002.]

FITZGERALD, Francis Scott. *F. Scott Fitzgerald on Writing*. Org. Larry Phillips. Nova York: Scribner, 1985.

FORSTER, Edward Morgan. *Aspects of the Novel*. Cambridge: Cambridge University Press, 1927. [Ed. bras.: *Aspectos do romance*. Trad. Sergio Alcides. São Paulo: Globo, 2005.]

GENOVESE, Alicia. *Sobre la emoción en el poema*. Santiago de Chile: Cuadro de Tiza, 2019.

HEMPEL, Amy. "The Art of Fiction nº 176", *The Paris Review*, Nova York, n. 166, 2003. Disponível em https://theparisreview.org/interviews/227/the-art-of-fiction-no-176-amy-hempel. Acesso em 25 mar 2024.

JACKSON, Shirley. "Experiencia y ficción", in *Cuentos escogidos*. Barcelona: Minúscula, 2015.

LISPECTOR, Clarice. "Notas sobre el arte de escribir", *Una Brecha*, Buenos Aires, mar 2018. Disponível em https://unabrecha.com.ar/notas-sobre-el-arte-de-escribir/. Acesso em 25 mar 2024. [Ed. bras.: "Escrever as entrelinhas", in *A descoberta do mundo*. Rio de Janeiro: Rocco, 2020.]

NABOKOV, Vladimir. *Curso de literatura europea*. Madri: Ediciones B, 2016. [Ed. bras.: *Lições de literatura*. Trad. Jorio Dauster, São Paulo: Fósforo, 2021.]

O'CONNOR, Flannery. "Writing Short Stories", in *Mystery and Manners. Occasional Prose*. Nova York: Farrar, Straus and Giroux, 1970.

QUIROGA, Horacio. "Decálogo del perfecto cuentista". Disponível em https:/literatura.us. Acesso em 25 mar 2024.

NO PRINCÍPIO, TUDO: SOBRE O COMEÇO DE UM ROMANCE

BORGES, Jorge Luis. "La Divina Comedia", in *Siete noches*. México: Fondo de Cultura, 1998. [Ed. bras.: "A Divina comédia", in *Borges oral & Sete noites*. Trad. Heloisa Jahn. São Paulo: Companhia das Letras, 2011.]

CERVANTES, Miguel de. *Dom Quixote*. Trad. Ernani Ssó. São Paulo: Cosac Naify, 2019.

DELEUZE, Gilles e GUATTARI, Felix. "Tres novelas cortas", in *Mil mesetas. Capitalismo y esquizofrenia*. Madri: Pretextos, 2010. [Ed. bras.: *Mil platôs. Capitalismo e esquizofrenia*. Trad. Ana Lúcia de Oliveira et al. São Paulo: Editora 34, 2020. (Coleção Mil Platôs)]

DICKENS, Charles. *Um conto de duas cidades*. Trad. Débora Landsberg. São Paulo: Estação Liberdade, 2020.

FOUCAULT, Michel. *El orden del discurso*. Barcelona: Tusquets, 1992. [Ed. bras.: *A ordem do discurso* — Aula inaugural no Collège de France, pronunciada em 2 de dezembro de 1970. Trad. Laura Fraga de Almeida Sampaio. São Paulo: Edições Loyola, 2012.]

GARDNER, John. *Para ser novelista*. Madri: Fuenteteja, 2008.

JAMES, Henry. "The Art of Fiction". Disponível em https://public.wsu.edu/~campbelld/amlit/artfiction.html. Acesso em 25 mar 2024.

KAFKA, Franz. *O processo*. Trad. Modesto Carone. São Paulo: Companhia das Letras, 2005.

LISPECTOR, Clarice. *A hora da estrela*. Rio de Janeiro: Rocco, 2020.

MÁRQUEZ, Gabriel García Márquez. *Cem anos de solidão*. Trad. Eric Nepomuceno. Rio de Janeiro: Record, 2018.

ONETTI, Juan Carlos Onetti. *El pozo*. Barcelona: Debolsillo, 2016. [Ed. bras.: *O poço/Para uma tumba sem nome*. Trad. Luis Reyes Gil. São Paulo: Planeta, 2009.]

OZ, Amós. *La historia comienza*. Madri: Siruela, 1996. [Ed. bras.: *E a história começa*. Trad. Adriana Lisboa. Rio de Janeiro: Ediouro, 2007.]

PIZARNIK, Alejandra. *Diarios*. Barcelona: Lumen, 2010.

O MEDO DA IMAGINAÇÃO: A HISTÓRIA *VS.* OS "FATOS REAIS" NA FICÇÃO LITERÁRIA

AIRA, César. *Continuación de ideas diversas*. Santiago de Chile: Ediciones Universidad Diego Portales, 2014.

ARLT, Roberto. "Aventura sin novela y novela sin aventura", in *Aguafuertes porteñas: cultura y política*. Buenos Aires: Losada, 2019.

_____. "Necesidad de un 'Diccionario de lugares comunes'", in *Aguafuertes porteñas: cultura y política*. Buenos Aires: Losada, 2019.

BACHELARD, Gaston. *La poética de la ensoñación*. México: FCE, 2019. [Ed. bras.: *A poética do devaneio*. Trad. Pádua Danesi. São Paulo: Martins Fontes, 2018.]

CONRAD, Joseph. *El negro del Narcissus*. Madri: Alianza, 2008.

LE GUIN, Ursula K. *The Wave in the Mind: Talks and Essays on the Writer, the Reader and the Imagination*. Boston: Shambhala, 2004.

MANSFIELD, Katherine. *The Critical Writings of Katherine Mansfield*. Org. Claire Hanson. Nova York: Macmillan, 1987.

PIGLIA, Ricardo. *Crítica y ficción*. Barcelona: Anagrama, 1986.

SAER, Juan José. *El concepto de ficción*. Buenos Aires: Seix Barral, 2014. [Ed. bras.: *O conceito de ficção*. Trad. Lucas Lazzaretti. Rio de Janeiro: 7Letras, 2022.]

WILDE, Oscar. "La decadencia de la mentira", in *Ensayos y diálogos*. Madri: Hyspamérica, 1985.

RITMO E NARRATIVA: UM OLHAR A PARTIR DE DUAS TRADIÇÕES

AIRA, César. "Osvaldo Lamborghini y su obra", in LAMBORGHINI, Osvaldo. *Novelas y cuentos*. Buenos Aires: Ediciones del Serba, 1988.

BIOY CASARES, Adolfo. *Sobre la escritura. Conversaciones en el taller literario*. Orgs. Félix Paolera e Esther Cross. Madri: Taller Escritura Fuentetaja, 2007.

BORGES, Jorge Luis. "Jorge Luis Borges: Entrevista na Universidad Nacional de Córdoba [invierno de 1985]". Disponível em https://borgestodoelanio.blogspot.com/2017/06/jorge-luis-borges-entrevista-en-la.html. Acesso em 25 mar 2024.

_____. "Las ruinas circulares", in *Obras completas 1923-1972*. Buenos Aires: Emecé, 1974. [Ed. bras.: "As ruínas circulares", in *Ficções*. Trad. Davi Arrigucci Jr. São Paulo: Companhia das Letras, 2007.]

BORGES, Jorge Luis e GUERRERO, Margarita. *El libro de los seres imaginarios*. Buenos Aires: Emecé, 1978. [Ed. bras.: *O livro dos seres imaginários*. Trad. Heloisa Jahn. São Paulo: Companhia das Letras, 2017.]

DIDION, Joan. "Last Words. Hemingway's Mysterious, Thrilling Style", *The New Yorker*, Nova York, 9 nov 1998. Disponível em https://newyorker.com/magazine/1998/11/09/last-words-6. Acesso em 25 mar 2024.

FITZGERALD, Francis Scott. *A Life in Letters*. Scribner: Nova York, 1995.

HAMON, Philippe. *Introducción al análisis de lo descriptivo*. Buenos Aires: Edicial, 1994.

HEMINGWAY, Ernest. "The Art of Short Story", in *New Critical Approaches to the Short Stories of Ernest Hemingway*, Durham: Duke University Press, 1998.

_____. *Conversations with Ernest Hemingway*. Org. Matheu Bruccoli. Univesity Press of Mississippi: Jackson, 1986.

JAEGER, Werner. *Paideia: los ideales de la cultura griega*. México: Fondo de Cultura, 2001. [Ed. bras.: *Paideia: a formação do homem grego*. Trad. Artur M. Parreira. São Paulo: WMF Martins Fontes, 2013.]

KING, Stephen. *Mientras escribo*. Barcelona: Plaza y Janés, 2001. [Ed. bras.: *Sobre a escrita: a arte em memórias*. Trad. Michel Teixeira. Rio de Janeiro: Suma, 2015.]

PIGLIA, Ricardo. "Tesis sobre el cuento", in *Formas breves*. Barcelona: Anagrama, 2000. [Ed. bras.: "Teses sobre o conto", in *Formas breves*. Trad. José Marcos Mariani de Macedo. São Paulo: Companhia das Letras, 2004.]

QUIGNARD, Pascal. *El odio a la música. Diez pequeños tratados*. Santiago: Andrés Bello, 1998. [Ed. bras.: *Ódio à música*. Trad. Ana Maria Scherer. Rio de Janeiro: Rocco, 1999.]

RICOEUR, Paul. *Tiempo y narración. Configuración del tiempo en el relato histórico*. México: Siglo XXI, 2004. [Ed. bras.: *Tempo e narrativa: a intriga e a narrativa histórica*. Trad. Claudia Berliner. São Paulo: WMF Martins Fontes, 2010.]

SAUNDERS, George. *Tenth of December*. Nova York: Random House, 2013. [Ed. bras.: "No colo da vitória", in *Dez de dezembro*. Trad. José Geraldo Couto. São Paulo: Companhia das Letras, 2014.]

O APARECIMENTO DA FORMA: SOBRE O FIM DE UM ROMANCE

ABBOTT, H. Porter. *The Cambridge Introduction to Narrative*. Nova York: Cambridge University Press, 2002.

DA VINCI, Leonardo. "Acerca de la crítica sobre los propios cuadros" in *Cuaderno de notas*. Madri: Edimat, 2010.

FITZGERALD, Francis Scott. *A Life in Letters*. Nova York: Scribner, 2010.

_____. *El gran Gatsby*. Barcelona: Debolsillo, 2011. [Ed. bras.: *O grande Gatsby*. Trad. William Lagos. Porto Alegre: L&PM, 2011.]

_____. *Suave es la noche*. Barcelona: Alfaguara, 2011. [Ed. bras.: *Suave é a noite*. Trad. Solange Pinheiro. São Paulo: Martin Claret, 2019.]

HEMINGWAY, Ernest. *Adiós a las armas*. Barcelona: Debolsillo, 2015. [Ed. bras.: *Adeus às armas*. Trad. Monteiro Lobato. Rio de Janeiro: Bertrand Brasil, 2013.]

KERMODE, Frank. *The Sense of an Ending*. Oxford: Oxford University Press, 1968. [Ed. bras.: *O sentido de um fim: estudos sobre a teoria da ficção*. Trad. Renato Prelorentzou. São Paulo: Todavia, 2023.]

LISPECTOR, Clarice. *La hora de la estrella*. Buenos Aires: Corregidor, 2011. [Ed. bras.: *A hora da estrela*. Rio de Janeiro: Rocco, 2020.]

RHYS, Jean. *Los tigres son más hermosos*. Barcelona: Anagrama, 1983.

VALÉRY, Paul. *El cementerio marino*. Madri: Alianza, 2017. [Ed. bras.: *O cemitério marinho*. Trad. Roberto Zular e Álvaro Faleiros. São Paulo: Demônio Negro, 2020.]

VONNEGUT, Kurt. *Palm Sunday. An Autobiographical Collage*. Nova York: Dial Press Trade Paperbacks, 2006.

A OBRIGAÇÃO DE SER GENIAL

ATWOOD, Margaret. "Orientation: Who Do You Think You Are?", in *Writers and Writing*. Londres: Virago, 2003. [Ed. bras.: "Orientação: Quem você pensa que é?", in *Negociando com os mortos: a escritora escreve sobre seus escritos*. Trad. Lia Wyler. Rio de Janeiro: Rocco, 2004.]

CASTILLO, Abelardo. Sobre "La Furia" de Silvina Ocampo, *El grillo de papel*, Buenos Aires, n. 4, 1960.

PIGLIA, Ricardo. "Notas al margen de un ejemplar de Adán Buenosayres", in MARECHAL, Leopoldo. *Adán Buenosayres*. Madri: ALLCA/EDUSP, 1997.

PIZARNIK, Alejandra. *Diarios*. Barcelona, Lumen: 2010.

RUSS, Joanna. *How to Suppress Women's Writing*. Austin: University of Texas Press, 1983.

A LÍNGUA "EQUIVOCADA"

BARTHES, Roland. *El grado cero de la escritura*. México: Siglo XXI, 1997. [Ed. bras.: *O grau zero da escrita*. Trad. Mario Laranjeira. São Paulo: WMF Martins Fontes, 2004.]

BOLAÑO, Roberto. "El exilio y la literatura". *Ateneo*, Caracas, n. 15, 2001. Disponível em https://memoriachilena.gob.cl/602/w3-article-73198.html. Acesso em 25 mar 2024.

BORGES, Jorge Luis, "El escritor argentino y la tradición", in *Obras completas 1923-1972*. Buenos Aires: Emecé, 1974. [Ed. bras.: "O escritor argentino e a tradição", in *Discussão*. Trad Josely Vianna Baptista. São Paulo: Companhia das Letras, 2008.]

_____. "El asesino desinteresado Bill Harrigan", in *Historia universal de la infamia. Obras completas 1923-1972*. Buenos Aires: Emecé, 1974.

BRODSKY, Joseph. "To Please a Shadow: Joseph's Brodsky Seduction of the Muse in English", *Los Angeles Times*, Los Angeles, 31 out 1987.

CORNGOLD, Stanley. "Kafka and the Dialect of Minor Literature", *College Literature*, Baltimore, vol. 21, n. 1, fev 1994.

CORTÁZAR, Julio. "Último round: la entrevista que Cortázar le dio a Martín Caparrós poco antes de morir", *La Nación*, Buenos Aires, 12 fev 2019. Disponível em https://lanacion.com.ar/cultura/julio-cortazar-ultimo-round-nid2219399/. Acesso em 25 mar 2024.

DELEUZE, Gilles e GUATTARI, Felix. *Kafka, por una literatura menor*. México: Era, 1990. [Ed. bras.: *Kafka: por uma literatura menor*. Trad. Cíntia Vieira da Silva. Belo Horizonte: Autêntica, 2014.]

GROSJEAN, Francois. *Bilingual*. Cambridge: Harvard University Press, 2010.

MIŁOSZ, Czesław. "Language", in *To Begin Where I Am*. Nova York: Farrar, Straus and Giroux, 2002.

OZICK, Cynthia. *Críticos, monstruos, fanáticos y otros ensayos literarios*. Buenos Aires: Mardulce, 2020.

POUND, Ezra. "Guido's Relations", in *The Translation Studies Reader*. Org. Lawrence Venuti. Londres/Nova York: Routledge, 2000.

A MENINA NA CÉDULA DE DEZ PESOS.
NOTAS SOBRE ESCRITA E VIOLÊNCIA DE GÊNERO

ABENSHUSHAN, Vivian. *Escritos para desocupados*. Oaxaca: Surplus, 2013.

BASILE, Giambattista. *Pentamerone. El cuento de los cuentos*. Madri: Siruela, 1995. [Ed. bras.: *O conto dos contos: Pentameron ou o entretenimento dos pequeninos*. Trad. Francisco Degani. São Paulo: Nova Alexandria, 2018.]

BETTELHEIM, Bruno. *Psicoanálisis de los cuentos de hadas*. Barcelona: Editorial Crítica, 2006. [Ed. bras.: *A psicanálise dos contos de fadas*. Trad. Arlene Caetano. Rio de Janeiro: Paz e Terra, 2009.]

BOCZKOWSKI, Pablo. "La posverdad", *Anfibia*, San Martín, 2016.

CAMPS, Sibila. *La red. La trama oculta del caso Marita Verón*. Buenos Aires: Planeta, 2013.

COETZEE, J. M. "Into the Dark Chamber: The Writer and the South African State", in *Doubling the Point. Essays and Interviews*. Massachusetts: Harvard University Press, 1992.

COTT, Jonathan (org.). *Cuentos de hadas victorianos*. Madri: Siruela, 1993.

ENRIQUEZ, Mariana. "Las cosas que perdimos en el fuego", in *Las cosas que perdimos en el fuego*. Barcelona: Anagrama, 2016. [Ed. bras.: "As coisas que perdemos no fogo", in *As coisas que perdemos no fogo*. Trad. José Geraldo Couto. Rio de Janeiro: Intrínseca, 2017.]

GARDNER, John. *On Becoming a Novelist*. Nova York: Harper&Row, 1983.

GONZÁLEZ, Sergio. *Huesos en el desierto*. Barcelona: Anagrama, 2002.

NEGRONI, María. "Negra belleza del deseo", *Página12*, Buenos Aires, 8 maio 2015. Disponível em https://pagina12.com.ar/diario/suplementos/las12/13-9684-2015-05-08.html. Acesso em 25 mar 2024.

PENROSE, Valentine. *La condesa sangrienta*. Madri: Siruela, 2001. [Ed. bras.: *A condessa sanguinária*. Trad. Regina Grisse de Agostino. Rio de Janeiro: Paz e Terra, 1992.]

POMERANIEC, Hinde. "Vos, tu amiga, tu hija, tu madre", *Anfibia*, San Martín, 2 jun 2015. Disponível em https://revistaanfibia.com/vos-tu-amiga-tu-hija-tu-madre/. Acesso em 25 mar 2024.

SILANES, Nona Fernández. *Space invaders*. Buenos Aires: Eterna Cadencia, 2014. [Ed. bras.: *Space invaders*. Trad. Silvia Massimini Felix, Belo Horizonte: Moinhos, 2021.]

SONG, Sonya. "El *like* cerebral", *Anfibia*, San Martín, 21 set 2017. Disponível em https://revistaanfibia.com/el-like-cerebral/. Acesso em 25 mar 2024.

SONTAG, Susan. "Trip to Hanoi", *Esquire*, Nova York, dez 1968. Disponível em https://esquire.com/news-politics/a12241193/trip-to-hanoi/. Acesso em 25 mar 2024. [Ed. bras.: "Viagem a Hanói", in A *vontade radical: estilos*. Trad. João Roberto Martins Filho. São Paulo: Companhia das Letras, 2015.]

ZIPES, Jack. *Fairy Tales and the Art of Subversion*. Londres: Routledge, 2011.

Este livro foi editado pela Bazar do Tempo
na cidade de São Sebastião do Rio de Janeiro,
em maio de 2024, e impresso em papel Polén
Natural 80 g/m² pela gráfica Leograf.
Ele foi composto com a tipografia Lygia.

1ª reimpressão, julho 2024